Magia gitana

La guía definitiva de la brujería romaní, signos, símbolos, talismanes, amuletos, tarot, hechizos y más

© Copyright 2024

Todos los derechos reservados. Ninguna parte de este libro puede ser reproducida de ninguna forma sin el permiso escrito del autor. Los revisores pueden citar breves pasajes en las reseñas.

Descargo de responsabilidad: Ninguna parte de esta publicación puede ser reproducida o transmitida de ninguna forma o por ningún medio, mecánico o electrónico, incluyendo fotocopias o grabaciones, o por ningún sistema de almacenamiento y recuperación de información, o transmitida por correo electrónico sin permiso escrito del editor.

Si bien se ha hecho todo lo posible por verificar la información proporcionada en esta publicación, ni el autor ni el editor asumen responsabilidad alguna por los errores, omisiones o interpretaciones contrarias al tema aquí tratado.

Este libro es solo para fines de entretenimiento. Las opiniones expresadas son únicamente las del autor y no deben tomarse como instrucciones u órdenes de expertos. El lector es responsable de sus propias acciones.

La adhesión a todas las leyes y regulaciones aplicables, incluyendo las leyes internacionales, federales, estatales y locales que rigen la concesión de licencias profesionales, las prácticas comerciales, la publicidad y todos los demás aspectos de la realización de negocios en los EE. UU., Canadá, Reino Unido o cualquier otra jurisdicción es responsabilidad exclusiva del comprador o del lector.

Ni el autor ni el editor asumen responsabilidad alguna en nombre del comprador o lector de estos materiales. Cualquier desaire percibido de cualquier individuo u organización es puramente involuntario.

Su regalo gratuito

¡Gracias por descargar este libro! Si desea aprender más acerca de varios temas de espiritualidad, entonces únase a la comunidad de Mari Silva y obtenga el MP3 de meditación guiada para despertar su tercer ojo. Este MP3 de meditación guiada está diseñado para abrir y fortalecer el tercer ojo para que pueda experimentar un estado superior de conciencia.

https://livetolearn.lpages.co/mari-silva-third-eye-meditation-mp3-spanish/

Índice de contenidos

INTRODUCCIÓN 1
CAPÍTULO 1: FUNDAMENTOS DE LA BRUJERÍA GITANA 3
CAPÍTULO 2: COSTUMBRES, CÓDIGOS Y CREENCIAS 14
CAPÍTULO 3: PRESAGIOS Y COSTUMBRES GITANAS 22
CAPÍTULO 4: SIGNOS Y SÍMBOLOS 31
CAPÍTULO 5: CÓMO HACER AMULETOS Y TALISMANES 41
CAPÍTULO 6: HIERBAS Y PLANTAS MÁGICAS, UN PEQUEÑO GRIMORIO DE HIERBAS 49
CAPÍTULO 7: EL TAROT GITANO I. LAS CARTAS 61
CAPÍTULO 8: TAROT GITANO II - LECTURA DE LAS CARTAS 70
CAPÍTULO 9: OTROS TIPOS DE ADIVINACIÓN GITANA 82
CAPÍTULO 10: HECHIZOS Y ENCANTAMIENTOS GITANOS 93
CONCLUSIÓN 100
VEA MÁS LIBROS ESCRITOS POR MARI SILVA 101
SU REGALO GRATUITO 102
BIBLIOGRAFÍA 103

Introducción

Los gitanos son famosos por sus poderes psíquicos e injustamente infames por razones equivocadas. Este libro se centra en las habilidades mágicas y psíquicas y de gran alcance que se han transmitido durante generaciones en el pueblo gitano. No habla de la forma injusta en que el mundo trata al pueblo gitano ni de aquellos que no entienden o no entendieron el poder de la magia e intentan encajar cuadrados y rectángulos en círculos y esferas.

El mundo gitano está lleno de alegría y felicidad, a pesar de las incesantes luchas de los gitanos por la dignidad y el respeto. El pueblo gitano se ha mantenido firme, ha luchado contra la opresión y la discriminación injusta y ha salido fortalecido, sin renunciar nunca a su cultura, aunque haya abrazado con alegría y humildad la cultura y la religión de los lugares a los que se trasladó y emigró.

Este libro le ofrece un estudio en profundidad del pueblo gitano, sus orígenes y sus migraciones a distintas geografías. Analiza cómo salvaron su cultura, su magia y sus poderes psíquicos. Da una visión asombrosa de los símbolos y signos que los gitanos podían leer y entender de un modo que los no gitanos nunca podrían.

Este libro trata de cómo los gitanos abrazaron el poder de la naturaleza y utilizaron lo que la madre tierra da en abundancia para curarse a sí mismos y a los necesitados. En sus viajes por el mundo, los gitanos aprendieron valiosas lecciones y trataron de compartirlas con los demás, aunque las utilizaran para su propio bien. Aprendieron y abrazaron la conexión entre la humanidad y la divinidad y aprovecharon la energía divina para mejorar sus vidas.

Siga leyendo para encontrar una guía detallada y completa sobre la magia gitana y cómo utilizarla para mejorar la calidad y el significado de su vida. Está repleta de toda la información que necesita para aprender y practicar la magia gitana. Así que, adelante, pase la página.

Capítulo 1: Fundamentos de la brujería gitana

Durante siglos, los gitanos han tenido un aura misteriosa y exótica, o al menos, así es como los ven los no gitanos. Han sido nómadas durante generaciones, viajando por todo el mundo y sin tener un lugar fijo al que llamar hogar. Sin embargo, tienen una identidad, una historia, un nombre propio y raíces antiguas.

Durante siglos, los gitanos han tenido un aura misteriosa y exótica
https://www.pexels.com/photo/a,fortune,telling,session,in,progress,6944915/

Hay un viejo dicho entre el pueblo romaní que dice así: «Ki shan i Romaní/ Adoi san' i chov'hani», que se traduce como «Dondequiera que vayan los gitanos, allí van las brujas, lo sabemos». El pueblo romaní, comúnmente conocido como gitanos, era nómada o eterno errante. Sus prácticas y costumbres mágicas se basaban en gran medida en una tradición oral. Se cree que llegaron a ser conocidos como «gitanos» en Europa porque los europeos pensaban que procedían de Egipto.

Comprender al pueblo romaní

El pueblo romaní (también llamado gitano) era tan diverso como las geografías y poblaciones del mundo. También se les conocía por nombres acordes con su arraigada cultura. En España, se les llamaba gitanos. En Francia, se les llamaba «gitan». En Europa Central y Oriental, se les llamaba «tsingani». En las regiones escandinavas, se les llamaba con diferentes palabras según la lengua local, todas ellas traducidas como «viajero».

Curiosamente, el pueblo romaní se llamaba a sí mismo de distintas formas. En Inglaterra y Portugal, los romaníes se llamaban a sí mismos *kale*. En Francia, se hacían llamar *manush*, y en Europa occidental y Alemania, *sinti*. Independientemente de dónde vivieran, el pueblo romaní se denominaba colectivamente gitanos; un término utilizado para referirse a personas que emigraron por todo el mundo a lo largo de varios siglos. Los gitanos son aquellos que nunca tienen un hogar permanente. He aquí algunos datos curiosos e interesantes sobre el pueblo gitano.

Son originarios de la India. Basándose en análisis lingüísticos, los expertos creen que los romaníes se originaron en las llanuras del norte de la India. Muchas de las palabras de las lenguas que hablan son muy parecidas al hindi, una de las principales lenguas habladas en la India, especialmente en las zonas septentrionales de este país asiático.

Las pruebas genéticas también sugieren que los romaníes tienen sus raíces en la India. En un estudio de 2012 publicado en el *Journal of Cell Biology* se recogieron y analizaron personas de numerosas culturas romaníes de todo el mundo. Este estudio observó que el pueblo romaní probablemente emigró de la India hace unos 1.500 años. Se cree que los actuales romaníes europeos viajaron a través de los Balcanes hace más de 900 años.

En la India se les llamaba *doms*, que significa «hombres». Los *doms* se convirtieron en *roms* y luego en romaníes en toda Europa. Sin embargo, en el norte de África y Oriente Próximo se llaman a sí mismos *doms* o *domi*.

En el mundo hay unos doce millones de romaníes. Los expertos opinan que el pueblo romaní abandonó la India hace unos 1.500 años y viajó principalmente a Europa. Se cree que fueron a algunos países de Europa del Este, como Rumanía y Bulgaria. Alrededor del doce por ciento del pueblo romaní se encuentra hoy en estas regiones. Turquía, Eslovaquia, Rusia, Serbia, Hungría, Francia y España también tienen una gran población romaní.

Aunque los romaníes viven sobre todo en Europa, muchos han hecho de otros países su hogar.

- Alrededor de un millón de romaníes han hecho de Estados Unidos su hogar.
- En Brasil hay unos 800.000.
- Los romaníes también han hecho de muchos países de Oriente Medio su hogar, como Irán, Chipre, Líbano, Siria, Israel y Jordania.

La discriminación y la persecución han sido terribles para los romaníes en todas partes. Cuando emigraron por primera vez al continente, los europeos los esclavizaron.

Los romaníes fueron esclavizados hasta el siglo XIX. Durante toda la Edad Media, el pueblo romaní en Europa fue perseguido, castigado e incluso condenado a muerte por las razones más endebles, a menudo sin un simple juicio. Por ejemplo, en 1554 se aprobó en Inglaterra una ley que establecía que la pena por vivir como un gitano era la muerte.

Gracias a toda la discriminación, la persecución y el miedo, el pueblo gitano ha sido visto como extranjeros, ladrones y astutos que roban y se trasladan al siguiente lugar para seguir robando. Pero también se temía su poder mágico.

En Alemania, los gitanos eran encarcelados indiscriminadamente y obligados a realizar trabajos forzados. Tras repetidos ataques, muchos gitanos supervivientes formaron bandas violentas, al principio con la esperanza de protegerse a sí mismos, pero pronto la violencia se volvió contra todos.

En 1790, el rey de Prusia vio en los gitanos una oportunidad y la convirtió en una ventaja tanto para su reino como para los gitanos. Decretó que todos los gitanos debían alistarse en el ejército: Una sabia decisión que fue seguida por otros reinos europeos. Desde entonces, los gitanos han hecho el servicio militar para casi todas las naciones europeas.

Se han documentado innumerables informes de actos violentos contra ellos. Por ejemplo:

- Los niños gitanos eran secuestrados de sus hogares para esclavizarlos y prostituirlos.
- A las mujeres se les cortaban las orejas.
- Se utilizaban hierros candentes para marcar a los gitanos.
- Se prohibía a los gitanos seguir sus costumbres y rituales o hablar su lengua. Se les imponían conversiones culturales y religiosas.
- Se prohibieron los matrimonios mixtos dentro de la comunidad romaní.

La persecución de los gitanos alcanzó su punto álgido durante el régimen nazi. La BBC informó que fueron el primer objetivo de las atrocidades nazis, seguidos de cerca por los judíos y los homosexuales. Se calcula que unos dos millones de romaníes murieron en campos de concentración nazis. Fueron los conejillos de indias de todas las malvadas torturas nazis y otros experimentos de exterminio.

Aún hoy sufren discriminación y persecución y siguen luchando por sus derechos. Por ejemplo, algunos países no proporcionan viviendas a los romaníes, ni siquiera a los nacidos en esas naciones. Acaban viviendo en casas metálicas improvisadas sin acceso a agua ni saneamiento. Otros países no dudan en expulsar a los gitanos.

Sin embargo, en los últimos tiempos se han formado múltiples organizaciones romaníes para luchar por sus derechos y poner fin a la discriminación y la persecución. Además, muchas organizaciones han aportado recursos para el crecimiento y desarrollo del pueblo gitano, especialmente a través de la educación.

La rica cultura del pueblo gitano ha servido de inspiración a muchos músicos de todo el mundo, entre los que destaca Franz Liszt, el famoso compositor clásico. La música gitana ha inspirado muchos géneros musicales, como el bolero, el jazz, el flamenco, etc.

La música desempeñaba un papel importante en la vida del pueblo gitano. La razón de ello es bastante obvia, teniendo en cuenta que, al principio de su migración desde la India, las profesiones del pueblo gitano incluían la música y la danza, las actuaciones, etc.

La familia era primordial para el pueblo gitano. Las familias con códigos de vestimenta, ocupaciones e idioma similares solían agruparse en «tribus». Cada grupo tenía también su propia nacionalidad específica.

Teniendo en cuenta que eran originarios de la India, se creía que los romaníes eran originalmente hindúes. Sin embargo, asimilaron y adoptaron las religiones de las distintas tierras a medida que emigraban y viajaban por el mundo. En la actualidad, la mayoría sigue alguna forma de islamismo o cristianismo, pero conserva algunas de las costumbres y tradiciones romaníes originales.

El pueblo gitano en el mundo

En la India, los gitanos se consideraban personas de casta inferior que viajaban por el país como cantantes y músicos. Se cree que en el año 430 a. C., un rey indio regaló 12.000 personas de una tribu de casta baja a Bahram V, un rey persa. Estas personas hicieron de Persia su hogar durante un tiempo antes de trasladarse a otras partes de Oriente Próximo y Europa. Algunos pudieron escapar de la esclavitud, mientras que otros fueron secuestrados y capturados por los bizantinos y luego encontraron el camino hacia Siria y otros países de Oriente Próximo y Europa.

Los gitanos viajaban por todas partes, mucho más que cualquier otro grupo de personas. Su conocimiento del mundo y de lo que ocurría en él no tenía parangón. Por eso corrían rumores de que eran utilizados como espías, sobre todo durante las guerras.

Romaníes europeos

La mayoría de los gitanos de Alemania y los territorios ocupados por Alemania en la Europa de preguerra pertenecen a las tribus o grupos familiares romaníes y sinti. Hablan un dialecto basado en el sánscrito. Algunos siguen el islam, mientras que otros son cristianos.

En Europa, el término «romaní» incluye tanto a la tribu sinti como a la romaní. Algunos miembros de la tribu romaní prefieren que se les llame «gitanos». Curiosamente, en alemán, *Zigeuner,* que significa «intocable», es la palabra para gitano.

En la Europa de antes de la guerra, los gitanos trabajaban como artesanos. Eran herreros, fabricantes de herramientas, comerciantes de caballos, hojalateros, domadores de animales de circo, bailarines, etc. También había algunos comerciantes romaníes en la Alemania de preguerra. A principios del siglo XX, el estilo de vida nómada estaba en declive.

Antes de la Segunda Guerra Mundial, la población gitana en Europa superaba el millón de habitantes. La mayor parte de la población gitana se concentraba en los países de Europa del Este y sus alrededores, como la antigua Unión Soviética, Polonia, Rumanía, etc. Los países de Europa Occidental, como la antigua Yugoslavia, Bulgaria, Alemania y Hungría, también tenían una población gitana considerable. Muchos de los gitanos mencionados sufrieron horribles persecuciones durante el régimen nazi, y su población disminuyó considerablemente.

Doms egipcios

Como se mencionó al principio de este capítulo, la palabra gitano fue acuñada por los europeos cuando confundieron a los emigrantes que viajaban desde el norte de la India con los procedentes de Egipto. Sin embargo, también hay gitanos egipcios, más comúnmente llamados *doms*, a los que se atribuyen poderes psíquicos y mágicos.

En la actualidad, los gitanos de África oriental, incluidos Egipto, Israel, Turquía y Siria, se llaman *doms*. Al igual que los romaníes en Europa, los *doms* son marginados y perseguidos. Los *doms* no están reconocidos oficialmente en Egipto, gracias a una ley relacionada con el documento nacional de identidad del país. En Egipto sólo se reconocen tres religiones: islam, cristianismo y judaísmo. En Egipto no se expide documento nacional de identidad a quienes profesan cualquier otra religión o etnia. Por lo tanto, los beduinos, los nubios y, por supuesto, los *doms* no están reconocidos en Egipto y, por ello, no existe un registro oficial de su población y parámetros relacionados.

Los *doms* de Egipto se dividen en diferentes tribus, como los Halebi, los Ghagar y los Nawar. Lamentablemente, estas palabras son insultos en árabe. Se cree que Ghagar, que se traduce como «vagabundo», podría ser el grupo *dom* más numeroso. Según una investigación etnográfica realizada hace 50 años por el difunto Nabil Sobhi Hanna, los Ghagar vivían fuera de los pueblos, en los bordes, ya que no se les permitía la entrada al interior. Eran comerciantes de burros y caballos, animadores y herreros.

Más recientemente, han emigrado a El Cairo. Por desgracia, la mayoría recurre a la mendicidad cuando los ingresos de sus menguantes oficios no bastan para cubrir sus necesidades de supervivencia. Curiosamente, aunque los *doms* llevan ahora un estilo de vida sedentario, sus profesiones siguen reflejando su espíritu nómada. La mayoría de los *doms* ocupan casas alquiladas y se mudan con frecuencia. Aceptan trabajos de corta duración y viven al margen de las sociedades egipcias.

Doms en Oriente Próximo

En Oriente Próximo, los *doms* llevan un estilo de vida variado. Algunos siguen siendo nómadas, llevan una vida peripatética y son artistas, trabajadores del metal, músicos y trabajadores emigrantes. Trabajan a tiempo parcial en los campos, sobre todo durante las temporadas de cosecha, cuando se puede ver a muchos *doms* recogiendo los cultivos en el valle del Jordán. También trabajan en los campos de tabaco del norte de Jordania. Algunos *doms* de Oriente Medio se dedican al pastoreo. En Irak, los *doms* aún se desplazan en sus coloridas caravanas y se disfrazan de bailarines, adivinos, acróbatas, malabaristas y músicos.

Los gitanos y la música

Durante el siglo XIX, los gitanos fueron reconocidos por sus excelentes dotes musicales, especialmente en Rusia, Hungría y España. Los juglares gitanos formaban parte de la nobleza húngara. Tocaban para los invitados en banquetes, fiestas y otros actos de celebración organizados por los nobles húngaros. Casi todas las bandas húngaras de las familias reales contaban al menos con un virtuoso del violín romaní.

La vida social y familiar del pueblo gitano

Como ya se ha dicho, los romaníes apenas seguían las normas sociales de una sociedad organizada. Sin embargo, tenían sus propias reglas bajo el paraguas de un conjunto de normas sociales y comunales llamado *romano*, que regía cosas como la higiene y la limpieza dentro de los hogares y en la comunidad, el respeto a todos, el respeto a la justicia, etc. *Romano* significa actuar y comportarse de manera digna con todo el mundo.

Según las normas gitanas, se celebran matrimonios concertados en los que el padre del novio se acerca al padre de la novia para pedirle la mano para su hijo; el derecho a aceptar o rechazar recae en la joven pareja. El padre del novio tenía que pagar un precio por la novia, cuyo importe dependía de muchos factores, como el estatus de la familia, su historia, si la novia tenía potencial para ganar dinero, etc.

Tras el matrimonio, la novia se muda a la casa de su marido y vive con su familia política. Debe ocuparse de las tareas domésticas y velar por el bienestar de su marido y su familia. Muchas veces, las hijas se intercambian como novias. Así, la hija de una familia se convierte en nuera de otra, y la hija de la segunda en nuera de la primera.

La familia es la unidad más importante del pueblo romaní, ya que no tienen un país, reino o república a la que pertenecer. Normalmente, una familia está formada por el cabeza de familia, su esposa, sus hijos y nueras, los adultos solteros, los hijos y los nietos.

El pueblo gitano también sigue una jerarquía social más allá de la familia. Una decena o más de familias extensas, a veces, el número de familias puede llegar al centenar, agrupadas bajo un paraguas social y comunitario reciben el nombre de *kumpania*. Cada *kumpania* viaja en caravanas como un gran grupo. Dentro de cada banda se forman pequeños grupos llamados *vistas*, conectados por una ascendencia común.

He aquí otros datos interesantes sobre la estructura social del pueblo romaní:

- El jefe de una *kumpania* se llama *voivode*. Mantiene el cargo durante toda su vida. El siguiente *voivoda* es elegido al fallecer el anterior.
- Dentro de cada tribu existía un cargo llamado «*phuri dai*». Este cargo solía recaer en una mujer romaní sabia, anciana y experimentada. Se encargaba de velar por los asuntos de las mujeres y los niños de la *kumpania*.
- La ostentación de riqueza se consideraba una cuestión de orgullo entre el pueblo romaní y se consideraba honorable. Amaban la opulencia. Las mujeres lucían con orgullo tocados ornamentados y joyas de oro. Las monedas de oro y plata se utilizaban para decorar las casas.
- Compartir y ser generoso con la riqueza y los recursos se consideraba una cuestión de orgullo y honor, y se prodigaba comida y bebida a los invitados.

- La generosidad y el compartir se consideraban una inversión ética y moral a la que podían recurrir en los malos tiempos.

El pueblo gitano, la religión y la brujería

El pueblo romaní no tiene una única fe o religión a seguir. La mayoría de las veces, abrazan y adoptan la religión del país de acogida. Así, en Oriente Próximo, los *doms* son musulmanes devotos. Es habitual ver a *doms* realizar la peregrinación anual a La Meca.

En muchos países hay gitanos cristianos que siguen diversas sectas del cristianismo, como la anglicana, la pentecostal, la baptista y la católica. Sin embargo, para los *dom*, la religión es algo muy personal. No discuten ni hablan de su fe con la gente.

Son supersticiosos, lo llaman magia, y adoptan los elementos buenos de todas las religiones. Son profundamente espirituales y el espiritismo domina su forma de pensar y de entender el mundo y su funcionamiento. Temen las maldiciones y los espíritus malignos y, por eso, se complacen en ayudar a los demás a ahuyentar las entidades malignas y las maldiciones mediante la magia y la brujería.

Incluso hoy en día, el pueblo romaní teme al «mullo» o fantasma de una persona muerta. El miedo a ser embrujados es tan profundo que destruyen todo lo que perteneció a los muertos, incluidos sus carros, ropas, etc. Al destruir todos estos objetos, los fantasmas de los muertos no tendrán nada a qué volver y, por lo tanto, no regresarán para atormentar a los vivos. Los gitanos de Inglaterra incluso prendían fuego al carromato de la persona muerta.

El primer adagio mencionado en este capítulo se traduce como «Dondequiera que vayan los gitanos, allí van las brujas, lo sabemos». Durante generaciones, el pueblo gitano se ha ganado la vida adivinando el futuro. Curiosamente, las especias y sus olores desempeñan un papel importante en la brujería. Teniendo en cuenta que se cree que los gitanos son originarios de la India, no es de extrañar que las especias, también muy presentes en la India desde la antigüedad, desempeñen un papel tan importante en sus vidas y profesiones, una de las cuales es la brujería.

Las mujeres gitanas eran conocidas por ser excelentes lanzadoras de hechizos y practicantes de la brujería. Los ciudadanos asentados en los países a los que emigraban miraban a los gitanos con recelo, por considerar que eran vagabundos sin un lugar permanente al que llamar hogar. Curiosamente, el hecho de no tener un lugar permanente al que llamar hogar no hizo mella en su confianza y orgullo. Su principal objetivo es vivir la vida a su manera. No les gustan las normas sociales rígidas que no encajan con su cultura y sus creencias. Aunque quieren lo mejor para sus hijos, optan por no educarlos en un intento de hacerlos menos «modernos» y más apegados a su propia cultura.

Curiosamente, a pesar de todas las dificultades que enfrentan, los gitanos se aferran a su magia y brujería, ambas profundamente integradas a su cultura. Mientras que los escépticos y los cínicos de todo el mundo cuestionan el «poder y el sentido» de hacer magia, para los gitanos la práctica de la magia se considera útil y productiva. La magia que hacen y las gracias y ayuda que buscan de los espíritus pueden equipararse a cómo los no gitanos rezan a sus dioses, buscando algunas cosas como la recuperación de un amor u objeto perdido, protección contra el peligro, una pareja amorosa, etc.

Los gitanos se dividen en tribus, cada una con sus propios símbolos y talismanes. La mayoría de los gitanos tienen poderes básicos como el lanzamiento de hechizos, la elaboración de pociones, la mediumnidad, la capacidad de conectar y estar en comunión con el mundo de los espíritus, y la adivinación. La magia y los poderes psíquicos no tienen nada de particular. Todos nacemos con ellos. Sin embargo, el pueblo gitano es uno de los pocos que siguen creyendo en estos poderes inherentes y trabajan duro para cultivar sus talentos innatos y mejorar su oficio.

Los gitanos tenían creencias brujeriles diversas en función de su geografía y cultura. Por ejemplo, en algunas culturas romaníes, los caballos se consideraban animales espirituales, y guardar el cráneo de un caballo era excelente para evitar que los malos espíritus paranormales entraran en casa. La mayor parte de la magia gitana se centraba en la naturaleza, los animales, las plantas y los poderes divinos de estos seres vivos.

La creencia en el poder divino de los animales es la razón por la que los gitanos veneraban y valoraban mucho a sus animales y ganado. Prestaban mucha atención a sus animales, hablaban e interactuaban con ellos, los escuchaban e intentaban conectar con su poder espiritual. A menudo, los animales formaban parte de rituales mágicos.

Lo que los no gitanos llaman superstición es lo que los gitanos creen que son elementos de magia y brujería. Utilizan amuletos, talismanes, nudos y amuletos para aumentar el poder de sus proezas mágicas. Los símbolos mágicos de la magia gitana incluyen piedras, cuchillos, conchas y otros elementos naturales. En resumen, el pueblo gitano intenta aprovechar la magia del poder de la naturaleza.

Los gitanos hoy

Antiguamente, los gitanos recorrían las calles en busca de manos para leer y predecir el futuro a quienes deseaban recurrir a sus servicios de brujería. Por supuesto, el pago en metálico y/o en especie era el quid de la cuestión para los gitanos. Hoy en día, la mayoría de ellos recurren a Internet para conseguir clientes.

Además, los gitanos nómadas de hoy en día utilizan caravanas y autos para desplazarse de un lugar a otro. Muchos gitanos también se han asentado y no se distinguen fácilmente de los no gitanos. De hecho, gracias a la actitud discriminatoria de la sociedad, algunos gitanos prefieren ocultar sus raíces.

Sin embargo, se hacen muchos esfuerzos para acabar con la discriminación y la persecución de gitanos inocentes. Cada año, el 8 de abril se celebra el Día internacional del pueblo gitano y se utiliza específicamente para concienciar y celebrar la cultura gitana en todo el mundo.

Capítulo 2: Costumbres, códigos y creencias

Las prácticas y creencias gitanas son tan diversas como las naciones en las que viven. Sin embargo, este capítulo examina los cuentos populares y las creencias que son más o menos comunes entre todos los gitanos.

Las prácticas y creencias gitanas son tan diversas como las naciones en las que viven
https://www.pexels.com/photo/different,artifacts,on,the,black,table,7189440/

Rromanipé o cosmovisión gitana

El *Rromanipé* engloba las ideas de honor, dignidad y justicia. Como ya se ha mencionado, los gitanos no tienen una religión común, sino que siguen la fe del país de acogida. Se describen a sí mismos como «numerosas estrellas dispersas a la vista de Dios». Los gitanos creen en el karma, un elemento profundamente arraigado en la filosofía india.

Traducido libremente, el karma puede definirse como «equilibrio espiritual» o «lo que va, vuelve». Según la filosofía romaní, existe un conflicto constante entre el diablo y lo divino en cada ser humano. El que gana este conflicto decide cómo resulta su vida.

Otra faceta importante del *romanipé* es el respeto a los mayores. Creen firmemente que cuando alguien falta al respeto a los mayores, los espíritus de los antepasados no descansan hasta que el culpable recibe una lección y es disciplinado. Los romaníes se dirigían a su dios con varios nombres, como Devlam, Devla, Del, etc., y estas palabras han formado parte de la lengua romaní desde la antigüedad.

Devla significa «Dios». Para el principiante romaní, es importante distinguir esta palabra de la palabra inglesa «devil». En la lengua romaní, la palabra para diablo es «beng». *Devla* está relacionada etimológicamente con la palabra sánscrita «Dev», que significa dios.

Los romaníes creen en un poder espiritual superior o energía denominada «dji». Esta energía espiritual disminuye cuando pasan tiempo fuera de su comunidad, por eso dudan de las personas no gitanas y desconfían mucho de los forasteros.

De hecho, tener un primo gitano lejano no significa que vaya a ser aceptado en el redil romaní. Además, un gitano puede no considerar a otro como parte de la familia o *kampania* (o *kumpania*) si no se cumplen estrictamente las normas y reglamentos. Los que no siguen las leyes son condenados al ostracismo y expulsados de la comunidad. Los gitanos se refieren a los no gitanos como «Gorgers».

Otro aspecto interesante de las reglas romaníes es que todo en este mundo se categoriza como elementos que son limpios y o *marime* (sucios). Ser o convertirse en *marime* o entrar en contacto con cualquier cosa *marime* puede causar mucho dolor y daño a la víctima. Se puede tener mala suerte, enfermar, contraer una enfermedad e incluso morir. Muchas cosas son consideradas *marime*, según *Rromanipé*. Algunas de ellas son

- Líquidos que salen de nuestro cuerpo (por ejemplo, la orina)
- Los roedores
- Reptiles
- Cualquier cosa que toque el suelo

Una vez que un elemento se considera *marime*, el pueblo gitano evita todo contacto con él o al menos lo limita. El concepto de *marime* y de qué elementos son «sucios» se les inculca desde que nacen. Evitar lo «sucio» influye en la forma de vivir, actuar, pensar y hablar de los gitanos.

Además, si un objeto tangible se considera *marime*, las palabras utilizadas para describirlo o nombrarlo también lo son. Por ejemplo, la menstruación es *marime*. Por lo tanto, no se habla de menstruación, ni de las palabras utilizadas en tal conversación. La lengua romaní no tiene una palabra para designar la menstruación ni muchas otras afecciones *marime*. Simplemente se refieren a ellas como «cosas». A veces, se les da descripciones como cosas largas, cosas cortas, cosas difíciles, cosas malas, etc.

Mientras que ciertas condiciones, como la menstruación, son *marime*, las personas que experimentan condiciones *marime* también reciben un tratamiento especial porque pueden propagar el *marime*. Por ejemplo, a las mujeres durante la menstruación se las mantiene separadas. Lo mismo ocurre con los enfermos. Si alguien está enfermo, sus cosas se separan del resto de las cosas de la casa porque la enfermedad, que se considera *marime*, puede propagarse.

Lo bueno es que no se habla de las personas afectadas por lo *marime* con ninguna connotación negativa. Esto se debe a que los romaníes creen que lo *marime* también puede propagarse a través de nuestros pensamientos. El poder de la mente, especialmente los pensamientos malos o negativos sobre la persona afectada, puede atraer la enfermedad o lo *marime* de las mujeres menstruantes.

Supongamos que alguien está enfermo en casa. No dar el pésame a esa persona o ser rencoroso también puede atraer la enfermedad. Los pensamientos negativos de su mente «capturan» la enfermedad en su cuerpo.

Las ideas de los gitanos pueden parecer poco científicas e ilógicas a un novato. Sin embargo, no es que no sepan cómo se propagan las enfermedades, sino que se preocupan más por saber por qué ciertas afecciones las contraen unos y no otros. El concepto de *marime* está tan arraigado en la psique romaní que se cree que uno puede contagiarse no sólo de enfermedades, sino también de sucesos desafortunados, como accidentes o fracturas de huesos, asociándose o pensando mal de la persona afectada, especialmente de quienes no siguen las normas.

Por eso, los forasteros, considerados *marime*, no se dejan asimilar fácilmente al redil romaní. Según *Rromanipé*, las personas más *marime* son las que no siguen el código de conducta, las normas de limpieza y otros rituales romaníes, lo que se traduce en todo lo que está fuera de la *kumpania*.

Incluso lavar los platos se hace de forma ritual. El orden de lavado depende de la cantidad de contacto que haya tenido la vajilla con el cuerpo humano. Los platos que entran directamente en contacto con el cuerpo humano se lavan primero en el agua más limpia. Por lo tanto, las tazas que tocan nuestros labios se lavan primero, con el agua más pura, y los platos y ollas que sólo tocan nuestras manos se lavan en último lugar. La comida de las ollas se pasa al plato antes de comerla. Un romaní nunca toma la comida directamente de la olla y se la lleva a la boca.

Y lo que es más importante, los platos deben lavarse con agua corriente, no con agua estancada. Teniendo en cuenta todas estas restricciones y normas, la vida de un gitano nómada puede ser bastante difícil y estresante. Siempre están pensando en cómo evitar el *marime* y vivir la vida según el *rromanipé*, no sea que los castiguen.

Leyendas gitanas

Baba Fingo: cuenta la leyenda que Baba Fingo era el líder del pueblo gitano en el antiguo Egipto. Los romaníes eran perseguidos, oprimidos y gravemente discriminados por el faraón de Egipto. Baba Fingo condujo a su pueblo al Mar Rojo para escapar del régimen opresor, poder esconderse bajo el agua y estar a salvo de las atrocidades de los soldados egipcios.

La comunidad romaní de Egipto cree que el 6 de mayo de cada año resucita Baba Fingo, y ese día se celebra un festival anual llamado Festival de Kakava, concretamente en las provincias del noroeste de Turquía. Este festival también está relacionado con la antigua tradición de Hıdırellez, una celebración de la llegada de la primavera. Los romaníes creen que el Festival Kakava trae bendiciones y abundancia a todos los participantes.

La Leyenda de Bibi: Bibijako Djive es una de las fiestas más importantes que celebra el pueblo gitano siguiendo la creencia cristiana ortodoxa oriental. La fe en Bibi y sus poderes legendarios están relacionados con la comunidad romaní de Serbia. La celebración de esta fiesta tiene por objeto apaciguar a Bibi, la diosa del cólera, para que los niños romaníes no se vean afectados por la enfermedad. La leyenda de Bibi es la siguiente.

Según un artículo publicado por Svetlana M Cirkovic titulado «Bibi y Bibijako Djive en Serbia» en la revista *Academia Journal,* Kona era una gitana cristiana ortodoxa oriental asentada en Serbia. Murió en 1935 a los 99 años y se cree que vio a Bibi por primera vez. Esta leyenda afirma que una fría tarde de invierno, cuando Kona y su familia estaban terminando de cenar, llamaron a la puerta. El marido de Kona abrió la puerta y vio a Bibi de pie fuera. Era alta, delgada y huesuda. Llevaba un vestido rojo, el pelo largo y oscuro y estaba descalza. La acompañaban dos niñas vestidas de blanco y dos corderos.

El marido las invitó a entrar y le dijo a Bibi que parecía muy cansada y le pidió que se sentara y se relajara. También le preguntó si tenía hambre. Bibi pidió a la familia un par de zapatos de campesina porque estaba descalza. Kona buscó un par y se lo dio a Bibi.

En cuanto Kona le dio el par de zapatos a Bibi, ella, los niños y los corderos se desvanecieron en el aire. La puerta principal permaneció cerrada, y la familia de Kona oyó la voz de Bibi diciendo: «Que Dios les dé siempre a usted y a su familia todo lo que necesiten».

La sorprendida pareja abrió la puerta y salió, esperando ver a Bibi. Sin embargo, estaba llamando a la puerta de la vecina, una rica familia serbia. La rica mujer serbia abrió la puerta y echó a Bibi bruscamente. Bibi maldijo a la rica familia y regresó a casa de Kona, donde decidió pasar la noche con sus dos hijos y los corderos.

Después de darles de comer y calentarlos, Bibi acostó a sus hijos y le dijo a Kona: «Soy Cólera y he asfixiado a los hijos de tu vecina rica pero maleducada. Celebra mi fiesta todos los años y haz una inscripción (Zapis) para mis hijos en ese día. Grita en voz alta el siguiente versículo: 'A la salud de la Tía y de sus hijos'».

La familia se fue a dormir. Cuando se despertaron a la mañana siguiente, Bibi y sus hijos no estaban por ninguna parte. De repente, se oyeron fuertes lamentos procedentes de la casa del vecino. Cuando Kona y su marido fueron a ver qué había pasado, se dieron cuenta de que los niños de la casa rica estaban todos muertos. Desde ese día, los romaníes celebran a Bibi y a sus hijos.

En Serbia, la palabra para tía es *Tetka*. Cuando el pueblo romaní adoptó a la divina Tía en su culto, la bautizó Bibi, que es Tía en lengua romaní. Los romaníes creen ahora que los hijos de quienes no celebran a Bibi en ese día, como ella ordenó, están malditos y morirán.

La tradición gitana está llena de milagros y sueños relacionados con Bibi. El pueblo romaní cree que si Bibi aparecía en sus sueños, normalmente pedía que se cumpliera una determinada tarea relacionada con su fiesta o la forma en que esperaba ser honrada. A veces, aparecía en los sueños de quienes no celebraban su fiesta. La fe del pueblo romaní en Bibi y sus poderes milagrosos es legendaria.

Dhampires: los *dhampires* son protectores y guardianes, específicamente para la protección de los *moroi*, una antigua raza mágica de vampiros benévolos con colmillos que se alimentan de sangre. Los *moroi* no llevan capa, no duermen en ataúdes ni se transforman en murciélagos. No les gusta la luz del día como a los vampiros maléficos. Sin embargo, los *moroi* no son eternos y no necesitan a los humanos para sobrevivir.

Los *dhampir* son en parte *moroi* y en parte humanos y se dedican a proteger a los *moroi* de sus monstruosos y mortales homólogos, los *strigoi*. Los *dhampires* nacen con unos reflejos excelentes, una agilidad asombrosa, una fuerza y potencia aumentadas y una resistencia extraordinaria.

Hoy en día, los *dhampires* son famosos en el mundo del espectáculo, ya que aparecen en múltiples películas y libros de fantasía. Sin embargo, la idea de los *dhampires* hunde sus raíces en el folclore gitano. Es el nombre que los gitanos eslavos daban al hijo de un vampiro. Según la tradición gitana, el niño tiene poderes vampíricos. La historia de cómo nacen los *dhampir* también se encuentra en la tradición gitana.

Se cree que cuando un nuevo vampiro se despierta, está extremadamente excitado. Como es nuevo y aún no ha encontrado pareja vampírica, va en busca de la viuda que ha dejado en el mundo humano para saciar sus deseos sexuales. Si no tiene una viuda para este propósito, simplemente encuentra a cualquier mujer joven.

La viuda o la joven pueden quedar preñadas por el nuevo vampiro, y el bebé nacido de esta unión es un *dhampir*. Los gitanos tenían otros nombres para este ser. La hembra de esta especie se llamaba vampira, y el macho era vampir. Aunque había diversas creencias sobre el tipo de poderes que tenía este ser especial, no había duda de que un humano con sangre de vampiro obtenía superpoderes de alguna forma. Algunos de ellos ansiaban la sangre, mientras que otros no la necesitaban. Los gitanos serbios creían que los vampiros eran invisibles para los humanos, pero los *dhampir* podían verlos.

Ursitorio: el *Ursitorio* es conocido por muchos nombres, incluyendo *Urmen, Ursoni, Ourmes, Oursitori,* etc. Son un grupo de tres espíritus femeninos (o hadas) de la suerte o el destino. Según el folclore romaní, los tres espíritus del destino aparecen tres noches después del nacimiento de un niño para decidir su suerte. El hada benévola o buena prevé acontecimientos futuros felices y brillantes para el niño. El espíritu triste y pesimista prevé lo peor del futuro del niño.

La tercera, el hada más poderosa, es la imparcial dedicada a la sensibilidad y la razón. Es ella quien decide el destino del niño después de escuchar las opiniones de las hadas buena y mala. Su decisión sobre el destino del niño es vinculante y, una vez sellado por los *Urmen*, nada ni nadie puede cambiarlo.

Calabazas y sandías vampiro: esta leyenda tiene su origen en el pueblo romaní de los Balcanes, en el sureste de Europa. Los romaníes creen que las sandías y las calabazas tienen propiedades especiales. Estas dos verduras pueden adquirir rasgos vampíricos si se dejan fuera toda la noche bajo los efectos de la luna llena. El primer y más evidente signo de vampirismo es una gota de sangre que puede verse en la corteza de estas hortalizas.

Los romaníes creen que sólo las calabazas, todo tipo de calabazas, y las sandías tienen el poder de transformarse en vampiros. Mientras que algunos creen que la transformación se produce durante una noche de luna llena, otros creen que las hortalizas se convierten en vampiros cuando luchan entre sí.

Cuando las calabazas y/o sandías se mantienen juntas durante más de diez días, empiezan a cobrar vida, se revuelcan y emiten gruñidos. Las hortalizas vampiro y las normales se parecen, y es imposible discernir las diferencias salvo por la gota de sangre de las vampiro.

Se cree que los vegetales vampiro vagan por los pueblos y las caravanas gitanas por la noche. Sin embargo, se cree que son inofensivos para las personas. Así, la mayoría de los gitanos no temen a las calabazas y sandías vampiro.

Los códigos, las creencias y las criaturas y seres mágicos analizados en este capítulo, hay muchísimos más, son la razón por la que los gitanos temen el poder de la magia siniestra. Su creencia es genuina, y el hecho de que los no gitanos no la entiendan no les da derecho a burlarse o a faltar al respeto a la tradición, los códigos y las creencias gitanas.

Capítulo 3: Presagios y costumbres gitanas

Los gitanos suelen fijarse en el clima y en la naturaleza que les rodea en busca de presagios que puedan predecir lo que puede ocurrir en un futuro próximo o lejano. Veamos algunos de estos elementos y presagios y entendamos cómo los gitanos leen e interpretan sus significados.

Los gitanos miran a menudo el clima y la naturaleza que les rodea en busca de presagios que puedan predecir lo que ocurrirá en un futuro próximo o lejano
https://www.pexels.com/photo/a,person,covering,the,lighted,candle,he,is,holding,5435272/

Presagios meteorológicos y celestes

Los gitanos intentan leer e interpretar los significados del tiempo, el clima y el cielo. Intentan comprender por qué y cómo cambian el tiempo y el clima, por qué cambian los colores del cielo, cómo cae la lluvia, etc.

Aunque hoy en día el mundo moderno tiene explicaciones científicas para muchos sucesos naturales, el sistema de creencias que seguían los gitanos también puede conectarse con estas razones científicas de formas pequeñas pero ciertas. Cuando encontramos esta conexión, es fácil comprender el funcionamiento de la mente de un mago gitano. Así pues, vayamos a estos elementos y sus significados.

Lluvia

La lluvia es quizás uno de los acontecimientos más relajantes que traen paz y felicidad a la mayoría de nosotros. Sentarse junto a la ventana y escuchar el repiqueteo de las gotas de lluvia sobre los tejados y los árboles es muy tranquilizador.

Según los gitanos, la lluvia simboliza la buena suerte, la claridad y la limpieza. Esto es cierto porque cuando llueve, toda la porquería y suciedad de la tierra se la lleva el agua de lluvia a los arroyos, estanques y ríos, permitiendo que la madre naturaleza trabaje y los convierta en tierra fértil y fertilizantes.

Por tanto, la lluvia limpia físicamente la contaminación y la suciedad. La lluvia también representa una limpieza catártica. Se considera un acontecimiento redentor, que nos permite limpiar nuestras mentes de pensamientos negativos y malos y aligerar la carga de nuestras almas sobrecargadas.

La lluvia también es un símbolo de calma y claridad. Incluso cuando hay tormenta, representa este significado. Esto se debe a que cuando hay tormenta, todos nos vemos obligados a refugiarnos en el interior, y tenemos tiempo para relajarnos y mirar hacia dentro, lo que nos ayuda a calmarnos. El sonido de la lluvia es a menudo como una canción de cuna lírica y rítmica que nos arrulla hasta un sueño reparador.

Puede hablar con cualquier agricultor y su primer amor es casi siempre la lluvia. Cuando llueve, los cultivos y las plantas florecen, creando más alimentos, madera y muchos otros elementos de supervivencia, así como belleza natural, verdor y otros presagios de alegría y felicidad para los seres humanos. La mayoría de las veces, la llegada de la lluvia y los monzones anuncia un periodo de limpieza y de la buena fortuna.

La lluvia también simboliza el renacimiento y el crecimiento. Mantiene el ciclo de la vida y ayuda a las plantas a florecer y crecer. El agua es el símbolo de la vida, y la lluvia representa este poderoso símbolo. Sin lluvia ni agua, la vida no existiría en la Tierra. Por eso, en el sistema de creencias romaní, la lluvia se considera abundante y beneficiosa. Así, si llueve el día de su boda, su vida matrimonial estará llena de buena fortuna, abundancia y felicidad.

Niebla

Se cree que la niebla es un mediador entre lo conocido y lo desconocido. Se cree que conecta la realidad con elementos no reales como los sueños, las ilusiones, la adivinación, las apariciones, etc. Los romaníes creen que la niebla matinal anuncia un buen día. Para el invierno, significa la llegada de más frío y viento.

Otros presagios meteorológicos

Los siguientes signos presagian lluvia:
- Si el cielo tiene el color de una caballa.
- Si el cielo tiene un tinte verdoso.
- Si ve la luna con aureola o espuma en los bordes de una masa de agua.
- Si ve un animal carnívoro como un perro o un gato consumiendo hierba o un gato rascándose contra las patas de una mesa.
- Si ve caracoles en el crepúsculo o los sonidos de los grillos son más fuertes de lo habitual.
- Si ve ganado o vacas tumbadas por la mañana temprano.
- Si ve golondrinas volando bajo.
- Si las aves y/o los pavos reales cantan.
- Si ve grajos volando en círculos en el cielo.
- Si cantan los petirrojos posados en ramas bajas.
- Si ve gaviotas en tierra.
- Si un gallo se posa en una puerta y canta.
- Si ve niebla en lo alto de las colinas.

- Si el humo de la chimenea cae en lugar de subir, se espera una tormenta.

Otras señales:
- Si la nieve persiste en un lugar, caerá más nieve.
- Si llueve mucho en septiembre, habrá sequía.
- Si la chimenea arde bien y con muchas chispas, se acerca el frío.
- Si ve numerosas zarzas, el invierno que se avecina será frío y amargo.
- Si frota a un gato y ves chispas en su pelaje, se acerca el frío.
- Si un grillo canta dentro de casa, vendrá un invierno frío.
- Si la llama de una vela apagada arde durante mucho tiempo, el invierno que se avecina será malo.

Se pueden esperar inviernos suaves o buen tiempo:
- Si el tic tac de los relojes es ruidoso antes de la Legada del invierno.
- Si las arañas tejen telarañas en la hierba.
- Si al soplar una vela apenas arde, se puede esperar buen tiempo.

En cuanto a los presagios meteorológicos, los viernes y los lunes tienen cierta relación con la tradición gitana. Si hay tormenta el viernes, también la habrá el lunes. O si la puesta de sol del viernes es esplendorosa, lloverá el lunes. Un octubre cálido significa un febrero frío.

Presagios animales

Los animales y las plantas están profundamente relacionados con el modo de vida romaní. Leen e interpretan el comportamiento y los sonidos de los animales de diferentes maneras.

He aquí algunas creencias meteorológicas interesantes basadas en los presagios de los animales:
- Si ve a un gato lavándose las orejas, se espera buen tiempo.
- Un gato viejo y débil se mueve de forma inusual podría significar el comienzo de tiempo ventoso.
- Si un perro aúlla sin motivo, es señal de una muerte inminente.

- El pueblo romaní considera a los zorros como presagios de buena suerte, y su comportamiento hacia usted podría traer un poco o mucha buena suerte. Por ejemplo, si se encuentra con un zorro durante un viaje, puede surgir una buena oportunidad. Si este zorro lo mira durante un rato, es un muy buen augurio.
- Ver una mula sacudiéndose es señal de buena suerte.
- Ver una polilla cerca de una llama significa que se avecinan buenas noticias.
- Ver un caballo blanco por la mañana temprano significa que la buena suerte le acompañará durante todo el día.
- Dos caballos jugando juntos significa felicidad y alegría en la familia. Sin embargo, si dos caballos se pelean, cabe esperar riñas y peleas en la familia.
- Si ve un cuervo parado en el camino, su viaje será feliz y/o fructífero.
- Si un gitano ve un cuervo muerto en el camino, dará media vuelta.
- Los cuervos son presagios de mala suerte. Sin embargo, si tiene una propiedad con una colonia de grajos bien establecida, es una buena señal. Si los grajos se marchan después de comprar la propiedad, se considera una mala señal o una calamidad inminente. Imagínese que compra una propiedad con una colonia de grajos en Irlanda y supone que los grajos abandonan los nidos en el plazo de un año; tiene derecho a recuperar su dinero y devolver la propiedad al propietario.
- Si ve dos urracas juntas, es buena señal. Sin embargo, si sólo ve una, es señal de que se avecina un robo.
- Los chochines y petirrojos voladores traen buena suerte, mientras que los muertos anuncian mala suerte.
- Si oye una lechuza o intenta capturarla o matarla durante el día, es de mal agüero. Si un búho ulula muy cerca del amanecer, llama al alma de un ser humano y anuncia la muerte.
- Las gaviotas que sobrevuelan un carromato gitano se consideran un mal augurio, que significa la muerte de alguien de la familia.

Otras creencias y presagios del pueblo gitano

Según el pueblo gitano, el dinero y el picor están relacionados. Si le pica la palma derecha, recibirá un ingreso o alguien le dará dinero. Si le pica la palma izquierda, hay un gasto inminente o va a regalar dinero. Si pone el bolso en el suelo, se cree que perderá dinero.

Otro presagio monetario es el siguiente: Los gitanos no cuentan los billetes de cuatro en cuatro porque trae mala suerte; sólo cuentan de tres en tres porque trae buena fortuna.

Si le pica la nariz, tiene varias connotaciones. Una es que alguien podría abofetearle. El picor de nariz cuando alguien habla puede significar que miente. El picor en los pies podría indicar un viaje inminente. El picor en el ojo derecho es señal de mala suerte, mientras que si se pica el ojo izquierdo, algo bueno va a ocurrir.

Presagios de mala suerte

Es frecuente olvidar algo al salir de casa. La mayoría de nosotros volvería a recoger lo olvidado. Para un gitano, sin embargo, esto nunca sucederá porque volver a casa después de haber salido por alguna tarea trae mala suerte. Así que lo mejor es pasar el día sin lo que se ha olvidado o posponer la tarea para otro día.

Las flores rojas y blancas representan la sangre y la tripa. Colocar estas dos flores trae mala suerte. Cortarse las uñas en domingo trae mala suerte. Quemar harina o pan se considera un mal presagio.

Presagio del paraguas

Abrir un paraguas dentro de casa es irracional para los gitanos y un signo de mala suerte. Por eso, los gitanos nunca abren el paraguas dentro de casa.

Presagios de peleas familiares

Derramar sal en la mesa es señal inequívoca de una pelea o discusión familiar inminente.

Hipo y presagios

Si tiene hipo sin pausa ni motivo, puede significar que alguien está pensando en usted. Si adivina quién está pensando en usted, el hipo cesará.

Presagio de gato negro

Si un gato negro se cruza en su camino, dese la vuelta y busque otro camino para llegar a su destino porque, según el pueblo romaní, un gato negro es señal de mala suerte.

Presagio de botella compartida

El pueblo romaní cree que compartir una botella con amigos o familiares no es una buena idea debido a la siguiente creencia: Si comparte una botella de agua, zumo o alcohol, debe beber el último sorbo; de lo contrario, es probable que la otra persona le robe a su ser querido.

Piezas de cristal de mal agüero

Si es romaní, romper cristales puede no ser una mala idea. En algunas bodas romaníes, los novios tiran cada uno un vaso al suelo. Cuantos más pedazos, más feliz será su matrimonio.

Presagios sobre zapatos

Poner un par de zapatos sobre la mesa atrae la mala suerte. Una mujer embarazada nunca debe llevar zapatos nuevos porque se cree que tanto ella como su bebé serán metidos en un ataúd. Por eso, el pueblo romaní se asegura de que alguien que no esté embarazada lleve primero los zapatos nuevos, y luego la embarazada puede ponérselos.

Otras creencias:

- Se considera que trae mala suerte tener un bebé si la mujer no tiene las orejas perforadas.
- A los recién nacidos no se les corta el pelo hasta que cumplen dos años.
- Si se ve una estrella fugaz, es señal de muerte inminente.
- Cuando un árbol está a punto de morir, se cree que «grita de dolor». Estos gritos no deben oírse; por eso, los gitanos se tapan los oídos con las manos.
- Si ve a una mujer con un cántaro de agua, da buena suerte. Sin embargo, si la jarra está vacía, da mala suerte.
- Partir una manzana por la mitad sin cortar la semilla significa que se cumplirán los asuntos y deseos del corazón de esa persona.
- Cuando dos personas pronuncian la misma palabra o frase simultáneamente, deben unir sus dedos y pedir un deseo. Si lo

hacen, sus deseos se harán realidad.

Interpretación de los sueños entre los gitanos

Durante mucho tiempo se ha creído que los sueños son la voz de lo divino que intenta enviarnos mensajes. Los gitanos siguen sus sueños e intentan interpretarlos de muchas maneras.

He aquí algunas indicaciones sobre sus creencias acerca de los sueños.

- Si sueña con toros, serpientes, gatos o cuchillos, es señal de mala suerte.
- Una mula o un caballo blanco en su sueño significa buena suerte. Soñar con caballos significa que recibirá noticias.
- Si en sus sueños ve un fuego, significa que recibirá una llamada.
- Si ve una casa grande en su sueño, podría ser encarcelado o arrestado.
- Si en su sueño ve personas o perros peleándose, vendrán amigos.
- Si ve peces nadando, habrá un escándalo.
- Sus sueños durante la estación otoñal se harán realidad. Si puede recordar sus sueños por la mañana, también se harán realidad.

Presagios sobre los días de la semana

Los siete días de la semana tienen diferentes significados para los gitanos. Algunas actividades están prohibidas en determinados días de la semana, mientras que otras sólo pueden realizarse en determinados días. Veamos algunos de estos presagios en la tradición gitana.

- Está prohibido sembrar lino y utilizar tijeras y agujas los miércoles y los viernes.
- Los viernes no se puede hacer ningún trato ni venta.
- Lavar cualquier cosa los sábados e hilar los jueves se considera mala suerte.

Los gitanos siempre ofrecen flores a las personas que encuentran en el camino mientras viajan. Esta costumbre procede de su legado nómada. Cuando el pueblo romaní viajaba de un lugar a otro, ofrecía flores a los extraños con los que se cruzaba como gesto de buena voluntad y señal de paz. Los gitanos creían firmemente que la Tierra era redonda y que lo que gira, gira. Que la Tierra era redonda era también la base de otro proceso de pensamiento: Si permanecían demasiado tiempo en un lugar, la Tierra se volvía pesada; si permanecían poco tiempo en un lugar, la Tierra se volvía ligera. Así, el equilibrio de la Tierra se vería afectado negativamente. Por eso, los gitanos no permanecen mucho tiempo en un mismo lugar y prefieren desplazarse. Por lo tanto, viajar es el modo de vida de los gitanos.

Capítulo 4: Signos y símbolos

Desde la antigüedad, los seres humanos han utilizado símbolos para comunicarse y transmitir mensajes, mucho antes de la aparición de la escritura. De hecho, el poder de un solo símbolo a menudo puede superar las descripciones prolijas de todo un libro. Los símbolos y signos son atajos visuales a la mente subconsciente, que traen recuerdos olvidados a la mente consciente.

Por ejemplo, si ve el símbolo de McDonald's, muchas ideas y pensamientos salen automáticamente a la superficie. Puede decidir que tiene hambre y quiere comer una hamburguesa. Podría recordar algo divertido o embarazoso que le ocurrió mientras comía una hamburguesa. Podría asociar a personas de su vida con la hamburguesa o la comida. Podría recordar imágenes felices u horribles que vio mientras masticaba su hamburguesa. La cuestión es que, sin pronunciar una sola palabra, un solo cartel evoca imágenes y recuerdos en nuestra mente. Ese es el poder de un signo o símbolo.

Este capítulo trata de algunos de los símbolos gitanos más importantes utilizados en las prácticas de brujería.

Amuletos y talismanes

Muchos gitanos llevan talismanes y amuletos de buena suerte y protección. Según la creencia romaní, un amuleto es un objeto que se encuentra en la naturaleza y que está naturalmente dotado de magia. Un amuleto también puede potenciarse artificialmente, mediante rituales, con magia.

Los talismanes no se encuentran en la naturaleza. Son fabricados por el hombre y cargados de magia por brujas gitanas o hechiceros. Normalmente, un talismán es una moneda o un pergamino con poderosas palabras o símbolos mágicos.

Los gitanos llevan sus talismanes y amuletos en una bolsita de cuero o tela llamada «parik,til» o «putsi», que suelen colgarse del cuello. Para el neófito, esta bolsita puede parecer sólo un objeto decorativo. Sin embargo, es importante no dejarse engañar porque este pequeño «putsi» podría estar lleno de objetos mágicos.

Lo importante de los amuletos, ya sean amuletos o talismanes, es mantenerlos cerca para que la magia sea efectiva en su vida. Si encuentra uno o alguien se lo regala, no lo olvide. Puede guardarlo en el bolso o en el bolsillo, o hacer una pequeña joya con él, como un collar o una pulsera, y llevarlo en el cuerpo. Incluso durante los rituales, los gitanos se aseguran de tener cerca amuletos protectores y de buena suerte que se utilizan para aumentar el poder de los rituales.

Herradura

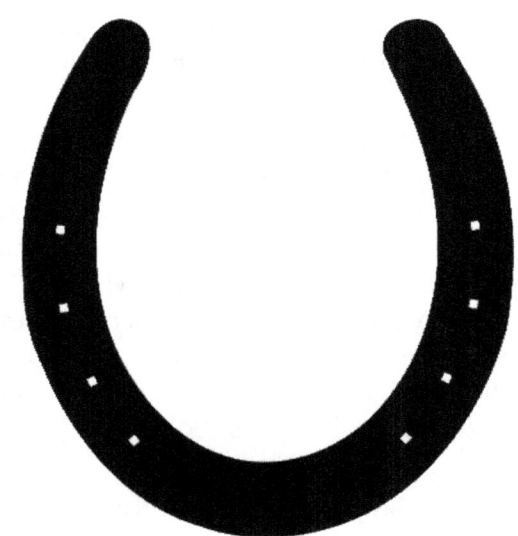

Herradura
https://pixabay.com/es/vectors/herradura,silueta,suerte,negro,306844/

Para los gitanos, una herradura es símbolo de buena suerte y protección. Todos sus carros tirados por caballos (*vardo*) llevarán atada una herradura para protegerse de los malos espíritus y atraer la buena suerte. Por la misma razón, las mujeres gitanas llevan al cuello talismanes de oro o plata en forma de herradura.

Si los gitanos encuentran una herradura abandonada con las uñas intactas, dará suerte a quien la encuentre durante todo un año. Sin embargo, si se encuentra hacia arriba, trae muy mala suerte. Se escupe sobre ella y se arroja sobre el hombro izquierdo para evitar que la mala suerte afecte su vida.

Hay una historia interesante sobre cómo los gitanos llegaron a creer que las herraduras traen buena suerte. La historia es la siguiente: Érase una vez cuatro demonios. La muerte, la mala salud, la mala suerte y la infelicidad. Un día, estos cuatro demonios persiguieron a un gitano a caballo. La mala suerte era más veloz que los demás, así que empezó a acortar distancias con el desventurado gitano.

De repente, el caballo del gitano lanzó una herradura a mala suerte, que murió al instante. Los tres hermanos tuvieron que detenerse y enterrar a su hermano muerto. El gitano se llevó la herradura a casa, y los tres hermanos tramaron vengarse del gitano. Pero la herradura siguió manteniendo a los gitanos a salvo de los tres vengativos hermanos.

El *vardo* es la posesión más importante de los gitanos, por lo que siempre se cuelga una herradura sobre la puerta como protección. Todos los *vardos* están pintados a mano por sus dueños con gran belleza y colorido. Las puertas están casi siempre exquisitamente decoradas, y sobre ellas cuelgan las herraduras más hermosas pintadas a mano. Las herraduras se utilizan en las bodas para el bienestar y la protección de los novios y su matrimonio.

He aquí otra leyenda del mundo cristiano que explica el augurio de buena suerte de las herraduras. En el siglo X vivía un herrador llamado Dunstan. Un día, mientras herraba a un caballo solo en su herrería, apareció el Diablo y quiso para sí pezuñas hendidas. El Diablo pensó que podría viajar por todas partes cómodamente, como hacen los animales con pezuñas hendidas.

Dunstan accedió a la petición del Diablo, pero decidió ayudar a la humanidad con este acto. Dunstan puso los clavos demasiado cerca de donde las pezuñas se encuentran con la piel, y el Diablo gritó de agonía. Entonces, Dunstan hizo un trato con el Diablo. Dunstan extrajo una promesa del Diablo de que el mal no entraría en las casas que tuvieran una herradura colgada fuera de la puerta. Sólo cuando el Diablo hizo esta promesa, Dunstan retiró los dolorosos clavos. Desde entonces, la gente utiliza herraduras para ahuyentar la mala suerte.

Latones de caballo

Latón de caballo
https://commons.wikimedia.org/wiki/File:Horsebrass.jpg

El latón de caballo es un importante talismán gitano. Se trata de uno o varios símbolos de latón que se cuelgan de los arreos del caballo. A veces, muchas de estas placas de latón para caballos se ensartan juntas en algo llamado martingala, que se parece a un cinturón o tira de cuero que cuelga del cinturón de un gitano. Originalmente, estos bronces para caballos se utilizaban para proteger a los animales del mal de ojo y las enfermedades, y también los llevaban las personas para la fuerza, la resistencia y la fertilidad.

Los símbolos utilizados para los bronces de caballo incluyen muchos elementos desde la antigüedad hasta los sistemas de creencias actuales, como estrellas, sol, luna, cruces, la rueda solar de tres patas (o *triskele*), campanas, imágenes o placas cortadas en forma de caballo, bellotas, etc. Algunos diseños tienen un corazón en la base, que simboliza «dar corazón» al caballo para aumentar su fuerza.

El Hamsa y el mal de ojo

El Hamsa
https://pixabay.com/es/illustrations/mano,de,f%c3%a1tima,hamsa,khamsa,3498067/

El mal de ojo
https://www.pexels.com/photo/a,blue,hanging,ornament,12133992/

El mal de ojo es un tipo particular de maldición mágica que se cree, perjudica a las personas a quienes se dirige causando mala salud, mala suerte e incluso la muerte. Casi todos somos víctimas del mal de ojo o de la mala mirada, y la mayoría se encoge de hombros y lo considera mera superstición. Sin embargo, el pueblo gitano y muchas culturas de todo el mundo, el toman el concepto del mal de ojo muy en serio. Los gitanos lo tratan como un mal extremadamente dañino del que hay que librarse o del que hay que ocuparse inmediatamente.

¿Qué es el mal de ojo? Es una mirada maligna con intención de causar daño de forma sobrenatural. El mal de ojo puede ser hacia la buena fortuna del objetivo, la abundancia, la salud, la buena apariencia, o cualquier cosa que pueda provocar celos. También pueden ser comentarios desprevenidos sobre el objetivo y su buena vida. Los efectos del mal de ojo relacionados con la salud suelen presentarse en forma de fatiga, insomnio, diarrea y depresión.

Los gitanos, junto con muchas otras culturas de todo el mundo, creen que las enfermedades y dolencias tienen su origen en cuestiones médicas y relacionadas con la magia. Una persona puede sucumbir a una enfermedad no sólo a causa de un virus, sino también por el ataque del mal de ojo de alguien. De hecho, incluso los objetos pueden ser atacados por un mal de ojo, lo que podría resultar en la destrucción o daño de los objetos. Esta es la razón por la que se cuelgan talismanes protectores del mal de ojo.

La historia del mal de ojo es larga y antigua. Los gitanos han viajado por todo el mundo, han recogido elementos de distintas culturas y geografías, y han utilizado sus enseñanzas para protegerse a sí mismos y a sus seres queridos de los efectos negativos del mal de ojo. El *hamsa* es una de esas medidas protectoras.

El *hamsa* en hebreo significa «cinco». Es un símbolo bello y omnipresente que tiene diferentes significados para las distintas culturas. A menudo se lleva como joya. El símbolo *hamsa* es una palma abierta con dos pulgares mirando en direcciones opuestas y tres dedos entre los dos pulgares mirando hacia arriba. El centro de la palma tiene un llamativo ojo conectado a los cinco dedos mediante diferentes líneas y giros.

El *hamsa* se conoce con diferentes nombres, algunos de los cuales se comentan a continuación:

- **Mano de Miriam:** Miriam era la hermana de Moisés, una de las figuras más destacadas de la historia bíblica, el hombre que sacó a su pueblo del cautiverio y la esclavitud egipcios.
- **Mano de la Madre María:** Los cristianos llaman así al *hamsa*, en honor a la venerada madre de Jesucristo.
- **Mano de Fátima:** Los seguidores del islam llaman así al *hamsa*. Fátima, la hija del profeta Mahoma, descubrió que su marido había tomado otra esposa. Se enteró mientras cocinaba. Se enfadó y dejó caer el agitador en la olla, pero siguió removiendo el contenido caliente con la mano. Por ello, esta mano se convirtió en un símbolo de fidelidad.

Cuando la Mano *hamsa* mira hacia abajo, significa recibir, dar y acoger. En esta posición, el *hamsa* representa la abundancia y la buena suerte. Simboliza la llegada de cosas buenas a nuestras vidas, como la buena salud, la fortuna, la riqueza y la felicidad.

El *hamsa* hacia arriba es un signo de protección. Llevarlo en esta posición protege al portador de todo tipo de daño y negatividad. También ayuda al portador a hacer frente a las emociones negativas, como las preocupaciones, los miedos, las inseguridades, el odio, etc.

El ojo situado en el centro del *hamsa* ofrece protección contra el mal de ojo. A veces, la mano *hamsa* tiene un loto en lugar del ojo en el centro. El loto representa la pureza, la regeneración, el renacimiento y la iluminación. Los peces de los tres dedos centrales también protegen del mal de ojo. Ya que los peces que viven bajo el agua nunca son visibles a simple vista están libres de los efectos del mal de ojo.

El trébol de cuatro hojas

El trébol de cuatro hojas
https://pixabay.com/es/vectors/hoja,tr%c3%a9bol,de,cuatro,hojas,152047/

Los gitanos consideran que el trébol de cuatro hojas es un presagio muy afortunado. Un trébol es un trébol de tres hojas que a menudo se confunde con un trébol de cuatro hojas. Para poner las cosas en perspectiva, por cada 10.000 tréboles hay uno de cuatro hojas, y su rareza es lo que lo hace precioso y afortunado.

El trébol de cuatro hojas representa el amor, la suerte y la esperanza. Hay un dicho común que reza «la suerte de los irlandeses», y tiene su origen en el trébol de cuatro hojas. Se cree que Irlanda tiene muchos más tréboles de cuatro hojas que cualquier otro lugar del mundo.

La cuarta hoja se distingue fácilmente porque es de un verde distinto al de las otras tres. Si encuentra un trébol de cuatro hojas, es señal de buena suerte. Sin embargo, si lo regala a otra persona, podría tener más suerte que si se la hubiera quedado para usted. Múltiples leyendas relacionan el trébol de cuatro hojas con la buena suerte. Algunas de ellas se detallan a continuación:

- Se cree que la asociación de la suerte con el raro trébol está directamente relacionada con Eva, la primera mujer, según el cristianismo. Tras ser expulsada del Jardín del Edén, se cree que Eva recogió un trébol de cuatro hojas antes de marcharse.
- Según las creencias celtas, los tréboles de cuatro hojas tienen poderes mágicos de protección y pueden alejar la mala suerte y las energías negativas. Los celtas también creían que, si se llevaba un trébol de cuatro hojas, las hadas, pequeñas criaturas generalmente invisibles y peligrosas que pueden hacer daño a los niños, se hacían visibles, ayudando al portador a tomar medidas de protección.
- También se cree que cuando San Patricio llevó el cristianismo a la antigua Irlanda, utilizó el trébol de tres hojas para explicar el concepto de la Trinidad: El Padre, el Hijo y el Espíritu Santo. Sin embargo, es posible que Irlanda, recordemos que es el lugar donde se encuentra la mayoría de los tréboles de cuatro hojas, ya asociara la magia y los poderes mágicos a esta rara planta. Los sistemas de creencias antiguos y nuevos se combinaron y potenciaron el poder mágico del trébol de cuatro hojas en Irlanda.

Un último punto interesante sobre los tréboles de cuatro hojas: Si encuentra uno, seguro que encontrará algunos más en las mismas proximidades. Así que no se conforme con la suerte de un trébol de cuatro hojas. Mire alrededor y multiplicará su suerte encontrando más.

Centavo de la suerte

Centavo de la suerte
https://www.pexels.com/photo/silver,liberty,in,god,we,trust,1978,coin,64824/

El pueblo romaní nunca deja atrás un penique si encuentra uno en el camino que recorre o en cualquier otro lugar. La buena suerte de un penique no está relacionada con su valor, sino con el hecho de que está hecho con metal, un elemento escaso, sobre todo en la antigüedad en comparación con ahora.

Por eso, cuando alguien encontraba un penique, se creía que era un regalo de Dios y que quien lo encontrara estaría protegido contra la mala suerte. La creencia de que el metal da suerte es también una de las razones por las que las herraduras se consideran afortunadas. Encontrar un penique con el sello hacia arriba se considera mala suerte en algunas culturas.

Los irlandeses escupen el penique y lo tiran a los arbustos para que las hadas y duendes traviesos los encuentren y den buena suerte a la persona. Otra creencia es que si encuentra un penique cuyo sello coincida con su año de nacimiento, su suerte se multiplicará.

Aunque puede comprar amuletos y talismanes de la buena suerte en tiendas en línea o físicas cerca de usted, es aún mejor si puede hacerlos usted mismo. Use la creatividad para embellecer sus amuletos y llévelos puestos o a todas partes para aprovechar su poder. Y lo que es más importante, cuando hace amuletos y talismanes, les transfiere sus poderes y energías, personalizándolos y adaptándolos a sus necesidades.

El siguiente capítulo enseña los diferentes tipos de amuletos y talismanes que puede crear en casa.

Capítulo 5: Cómo hacer amuletos y talismanes

Al igual que los gitanos errantes y nómadas, cualquier persona que desee practicar la magia gitana puede aprender a crear sus propios talismanes y amuletos desde cero utilizando artículos fácilmente accesibles que puede encontrar en casa o en tiendas económicas.

La palabra amuleto viene del griego «amuletum»
https://www.pexels.com/photo/glass-amulets-hanging-on-tree-6243236/

Diferencias entre amuletos y talismanes

Antes de pasar a la fabricación de amuletos y talismanes, aprendamos a distinguirlos. Ambos están cargados mágicamente de poder espiritual y/o mágico para proteger contra el mal o atraer la buena suerte.

La palabra amuleto procede del griego «amuletum», mientras que talismán viene de «telesma», que significa «ceremonia de consagración».

Los amuletos tienen el poder de alejar la energía negativa y maligna. Absorben o reflejan la energía negativa dirigida al portador. Herraduras, carbón, ajos, monedas, crucifijos, etc., son algunos de los amuletos que la gente lleva con este fin. Los amuletos son objetos mágicos que mantienen a salvo a la persona o traen buena fortuna a su portador o poseedor.

Los talismanes, en cambio, dotan al portador de energía positiva para que la negatividad no le afecte. Son objetos fabricados por el hombre y cargados de energía mágica por magos gitanos o fabricantes de talismanes. Ejemplos de talismanes famosos son la lámpara mágica de Aladino y la espada Excalibur del Rey Arturo. También se consideran talismanes los sombreros o varitas mágicas que llevan los magos practicantes, etc.

Estos objetos mágicos se cargan para aumentar el poder personal del portador. Por lo tanto, los talismanes son amplificadores de los poderes personales y mágicos de una persona. Guían al portador para que tenga los pensamientos adecuados. Necesitan una concentración intensa y deben elaborarse en periodos y rituales específicos.

A menudo, los talismanes están hechos de piedras preciosas y cristales. Suelen ser una sola pieza, como un colgante o una piedra fijada a la pulsera. Por el contrario, los amuletos pueden ser simples bolsas llenas de hierbas, piedras y otros objetos mágicos. Los amuletos se presentan de forma natural, aunque pueden potenciarse mágica y energéticamente mediante rituales, mientras que los talismanes son objetos fabricados por el hombre.

Los colores y las velas en la magia gitana

Los diferentes colores tienen diferentes significados e interpretaciones en la magia gitana. Puede utilizar esta sección sobre los colores para todos sus rituales y prácticas de magia gitana, incluyendo la fabricación de amuletos y talismanes. Las velas son elementos esenciales en el kit de herramientas mágicas de un gitano. Amplifican y liberan la energía necesaria durante y después de los rituales. Puede utilizar velas de colores sin encenderlas para obtener vibraciones positivas y encenderlas en los rituales.

Negro: El negro representa el misterio y la protección. Es el color del clero. Las brujas visten de negro para cubrirse contra el mal y para proteger sus misterios. Se utiliza para la protección psíquica. Además, es un color polivalente, más aún en la magia negra, y se puede utilizar para embrujar, recopilar información, aprender cosas nuevas, sabiduría, cambiar de forma, adivinar y mucho más.

Blanco: El blanco representa la paz y la serenidad y promueve la comprensión y la fuerza personal. También es un color polivalente en la magia blanca y puede utilizarse en rituales relacionados con la fuerza, la paz, la pureza, la unidad, la verdad, los niños pequeños y el equilibrio.

Verde: El verde representa el crecimiento y el desarrollo y es ideal cuando necesita que sus ideas cobren vida. Es el color de la vida, la prosperidad, el dinero, la aceptación, el clima, la magia de las plantas y la abundancia.

Azul: El azul es ideal para la curación emocional y para equilibrar los chacras. Es el color de la comunicación, la buena fortuna, la fuerza de voluntad, la concentración, la organización y la sinceridad, y representa el elemento agua.

Amarillo: El amarillo es ideal para rituales que impliquen el desarrollo de habilidades sociales y de contactos. También es bueno para las oportunidades laborales y el crecimiento profesional. Es el color de la felicidad, el éxito, la memoria, la inspiración, las prácticas mágicas relacionadas con el Sol y la flexibilidad.

Rojo: El rojo es el color del amor, el sexo y la pasión. Representa la potencia sexual, el valor, el peligro, la acción, la guerra, la competición y la asertividad.

Rosa: El rosa representa el romanticismo. Encienda una vela rosa todos los días en su altar si quiere atraer el amor. Es el color de la compasión, la feminidad, la madurez, la armonía doméstica y la curación espiritual y emocional.

Morado: El morado es el color de la creatividad y la iluminación espiritual. Es adecuado para rituales relacionados con la sabiduría, el poder espiritual, la independencia, los trabajos relacionados con el gobierno y la conexión con los espíritus.

Naranja: El naranja potencia sus ambiciones y amplía sus horizontes. Es el color de los asuntos intelectuales, la autoexpresión, la curación de adicciones, la vitalidad, las celebraciones y las inversiones.

Marrón: El marrón es el color asociado a todo tipo de recursos, especialmente los materiales. Es el color de la magia de las mascotas/animales, de la tierra, de la estabilidad, de encontrar cosas perdidas, de los bienes inmuebles, la construcción, y de la comida.

Aceites esenciales en la magia gitana

Los aceites esenciales son compuestos orgánicos extraídos de plantas y partes de plantas, como cortezas, hojas, flores, semillas, frutos y raíces. Los aceites esenciales tienen excelentes propiedades curativas y mágicas. Pueden curar el cuerpo, la mente y el espíritu y se han utilizado durante milenios para tratar enfermedades espirituales, mentales y físicas.

Nuestro sistema olfativo, que se ocupa de nuestra nariz y nuestros sentidos del olfato, conecta estos olores con la amígdala, el centro del cerebro que se ocupa de las emociones. También conecta con el sistema límbico, responsable de nuestros recuerdos, los problemas relacionados con el estrés, la respiración, la presión sanguínea, el equilibrio hormonal, etc.

La información anterior la conocemos gracias a los estudios científicos del mundo moderno. Sin embargo, los sabios gitanos de antaño ya lo sabían y utilizaban aceites esenciales en sus prácticas mágicas para aprovechar sus poderes y energías mágicas. He aquí una lista de algunos aceites esenciales utilizados habitualmente en las prácticas mágicas gitanas, como los rituales y la fabricación de amuletos y talismanes.

Albahaca: Aporta claridad y fuerza mental a la vez que estimula la mente. Al respirar el olor del aceite esencial de albahaca, la capacidad de concentración también aumenta.

Bergamota: Eleva emocionalmente a la vez que calma la ansiedad y los sentimientos de depresión. Es ideal para tratar el estrés, el dolor y el miedo.

Pimienta negra: Aumenta la resistencia mental y mejora el estado de alerta de la mente.

Canela: Ideal para usar en momentos de preocupación y fatiga. Estimula y da energía.

Clavo: Reduce el agotamiento mental, la ansiedad y la depresión y alivia el estrés. También es conocido como un gran afrodisíaco y se utiliza a menudo para tratar el insomnio.

Ciprés: Ayuda a la concentración y alivia el estrés.

Eucalipto: Alivia y calma el cuerpo, por lo que a menudo se utilizan unas gotas de aceite de eucalipto en el baño. Estimula la mente y ayuda a mejorar la concentración.

Incienso: Ayuda a ralentizar y profundizar la respiración y se utiliza a menudo durante las sesiones de meditación. Aterriza y calma sin efectos sedantes.

Jazmín: Calma los nervios, aumentando así la confianza en uno mismo y el optimismo. Es ideal para revitalizar y restaurar los niveles de energía. El jazmín también se utiliza a menudo como afrodisíaco.

Lavanda: Muy conocida por sus propiedades sedantes, calma y tranquiliza la mente. Favorece el sueño y reduce la ansiedad y las preocupaciones.

Hierba limón: Refrescante y estimulante, difunde felicidad en el ambiente. Combate el agotamiento nervioso y revitaliza el cuerpo y la mente.

Mirra: Ayuda a suavizar las emociones exaltadas y es una gran ayuda para la meditación. Crea una atmósfera edificante y relajante.

Nuez moscada: Elimina las dudas y la resistencia a la vez que mejora la espontaneidad y la flexibilidad.

Naranja: Sus vibraciones soleadas y positivas aportan felicidad y calidez. Ayuda a liberar la negatividad del cuerpo y la mente.

Pachulí: Su olor es calmante, enraizante y equilibrante. Elimina el letargo y agudiza el ingenio. Es ideal para la meditación y la oración.

Rosa: Ayuda a cuidarse y nutrirse armonizando el cuerpo, la mente y el espíritu. Ayuda a fortalecer la autoestima y a resolver los problemas emocionales. La rosa también es afrodisíaca.

Salvia: Comúnmente utilizada para la purificación y limpieza espiritual. Nos ayuda a adaptarnos a los cambios aportando confort y protección.

Sándalo: Su aroma infunde una profunda sensación de paz interior. Se ha utilizado en prácticas espirituales y mágicas desde la antigüedad.

Vetiver: Ayuda a eliminar la ira, el resentimiento, la tensión y la irritabilidad. También ayuda a enraizarse y es ideal para las sesiones de meditación.

Ylang-ylang: Seda el sistema nervioso central, reduciendo así el estrés y la ansiedad. Nos ayuda a sentirnos felices y agradecidos por la vida y lo que nos ofrece.

Cómo crear un sencillo amuleto o hechizo gitano de la buena suerte

Como se explicó en el capítulo anterior, hacer amuletos y talismanes es mejor que comprarlos en una tienda. Por eso, explicamos cómo puede crearlos fácilmente con los métodos a continuación.

Amuleto de papel para la buena suerte

Este es uno de los amuletos más sencillos que puede hacer. Es suficientemente flexible para cualquier fin.

Materiales necesarios:

- Bolígrafos, tintas de diferentes colores y/o pintura
- Papel
- Aceites esenciales
- Velas

El uso de aceites esenciales es opcional; sin embargo, tienen poderes mágicos de perfumería que pueden potenciar la energía del amuleto. Ya sabe que varios símbolos y signos están relacionados con la buena suerte. Tener estos signos en su casa o llevarlos encima ayudará a atraer las energías cósmicas para la buena suerte a su vida. Crear un pergamino de la buena suerte con los materiales anteriores es una de las formas más sencillas de hacerlo. Siga este proceso para hacer su amuleto de la buena suerte.

- En primer lugar, corte un trozo de papel rectangular de unos 10 cm por 10 cm.
- Marque el centro del papel recortado con el símbolo que elija utilizando bolígrafos de colores, tintas o pintura. Recuerde utilizar bolígrafos de tinta fluida, como bolígrafos de gel, estilográficas, etc.
- A continuación, escriba una pequeña frase o unas palabras que describan su deseo en la parte superior o inferior del papel. A

continuación, añada su nombre completo, su fecha de nacimiento y otros datos que se relacionen con el papel.
- Ahora, enrolle el papel y séllelo con cera de vela.
- Puede ungir el papel con el aceite o aceites esenciales que prefiera. Por ejemplo, la naranja, la nuez moscada, la violeta o la rosa son excelentes para la buena suerte.
- Lleve este papel siempre que quiera atraer la buena suerte.

Lo que escriba en el papel se convertirá en poder. Algunos ejemplos de lo que podría contener su papel de la buena suerte son:
- Quiero un trabajo mejor pagado.
- Quiero atraer el amor a mi vida.
- Quiero que mi ex vuelva conmigo.
- Quiero entrar en una universidad o en un curso concreto.

Mientras escribe, repita la intención tantas veces como pueda para que el poder se transfiera al papel y atraiga energías cósmicas alineadas con esta intención.

Cómo hacer una bolsa de mojo gitano

Una bolsa de mojo gitana llamada *parik-til* fue presentada en un capítulo anterior. Puede hacer su *parik-til* para cualquier propósito usando una bolsa de cuerda de cualquier color de su elección, pero use el color que esté alineado con el propósito de la bolsa de mojo. Por ejemplo, si quiere atraer riqueza y dinero, utilice una bolsa de cuerda de color verde. Si quiere atraer el amor, puede utilizar una de color rojo. Las cosas que ponga en la bolsa de mojo dependen totalmente de usted. Aquí tiene algunos elementos comunes que suelen ponerse en su interior.
- Hojas de roble
- Una ramita de canela
- Semillas y/o pétalos de girasol
- Una herradura

Puede añadir cualquier cosa que crea que aumentará el poder y la magia de su bolsa de mojo. Introduzca todos los objetos en la bolsa con cordón y úntela con el aceite esencial que prefiera, como mirra, canela, benjuí o aceite de la prosperidad.

«Parik-til» se traduce como «portador de bendiciones». Cuando lleva esta bolsa, significa que las bendiciones le seguirán a donde vaya. Por lo tanto, sujete la bolsa de mojo que ha creado y sienta las bendiciones que emanan de ella. Además, mientras llena la bolsa de cordón con los objetos que ha recogido, puede cantar un sencillo mantra de la buena suerte como, por ejemplo: *«Destierro las nubes malas de mi vida, creando espacio para la buena suerte. Ven aquí, ven aquí, buena fortuna, y llena mi vida de alegría y felicidad».*

Hechizo gitano para hacer realidad los sueños

- Siéntese para este ritual en un día de luna llena.
- Encienda una vela blanca, asegurándose de que todas las luces artificiales estén apagadas.
- Escriba su deseo en un papel.
- Durante unos diez minutos, observe la llama de la vela y visualice la realización de su sueño. A continuación, diga en voz alta: *«Al acostarme en la cama esta noche, que las energías cósmicas se combinen para hacer realidad mi sueño».*
- A continuación, concéntrese en su sueño y queme el papel en la llama de la vela. Deje que la vela se consuma por completo.
- Repita este ritual durante doce noches consecutivas, a partir del día de luna llena.

La fabricación de amuletos y talismanes forma parte de la magia gitana, y puede crear los suyos en función de sus necesidades y de las materias primas que tenga. No tiene que comprar cosas caras; elija lo que más le guste, utilice los colores, velas y aceites esenciales adecuados, cree una intención poderosa y transfiera su poder personal y sus sueños al amuleto/talismán que cree. Póngaselo o llévelo consigo para que las energías cósmicas alineadas con su intención encuentren el camino hacia usted.

Capítulo 6: Hierbas y plantas mágicas, un pequeño grimorio de hierbas

Los gitanos siempre han dependido de la madre tierra para su supervivencia mucho más que los colonos normales. A donde iban, los gitanos aprendían y aprovechaban el poder de las hierbas y plantas comunes y las utilizaban en sus prácticas mágicas y no mágicas. La mayoría de los gitanos poseen la habilidad y los conocimientos asociados al uso de hierbas y plantas.

Los gitanos aprendieron y aprovecharon el poder de las hierbas y plantas comunes
https://www.pexels.com/photo/white,and,brown,ceramic,bowl,1793035/

Si quiere aprender el camino de los gitanos, dominar el conocimiento de las hierbas y las plantas es vital. Este capítulo está dedicado a ofrecerle un pequeño grimorio de hierbas y plantas mágicas utilizadas por el pueblo romaní.

Acacia: La acacia (también conocida como goma arábiga) se utiliza para la mejora y la protección espiritual y psíquica. Es ideal para rituales relacionados con la amistad, el amor platónico y el dinero. También se utiliza para ayudar en la meditación.

Bellota: La bellota es una hierba protectora utilizada en rituales relacionados con el poder personal, la sabiduría y la buena suerte. Lleve una bellota seca en el bolso como amuleto para tener vigor y vitalidad juveniles.

Aliso: Los alisos se asocian con la adivinación y la magia. También se utilizan en rituales funerarios para proteger a los espíritus.

Agueweed: El *agueweed* se utiliza en amuletos como protección contra el mal y las energías negativas. Se utiliza sola o mezclada con incienso para romper maleficios y maldiciones.

Almendra: La almendra (también conocida como *shakad* y nuez griega) se utiliza para atraer el dinero, la prosperidad y la fecundidad. Invoca los poderes curativos de dioses y diosas. También se utiliza para superar adicciones y dependencias. Puede llevar una almendra en el bolso o utilizarla como incienso para atraer a las personas que quiere en su vida.

Amaranto: El amaranto se utiliza mucho en la magia gitana en diversos rituales, como la curación de corazones rotos y la invocación de espíritus.

Manzana: Las manzanas se utilizan en rituales para honrar a las deidades. Durante las ceremonias de Samhain, las manzanas se utilizan con frecuencia porque se consideran el alimento de los muertos. Las manzanas se queman durante este festival porque se cree que son las almas de los muertos. Quemar manzanas facilita el renacimiento de las almas en primavera. En el mundo de la magia gitana, las manzanas también se conocen como fruta de los dioses, rama de plata, árbol del amor, etc.

Bálsamo de Galaad: Esta resina medicinal se menciona en la Biblia hebrea y tiene profundas connotaciones en el judaísmo y el cristianismo. Simboliza el amor, la protección y la curación, y se utiliza en rituales relacionados con la pérdida de seres queridos. El bálsamo de Galaad se utiliza en una bolsita de amor para curar los corazones rotos y atraer un nuevo amor. También se utiliza para ungir velas. Cuando se quema, atrae a los espíritus.

Abeto balsámico: Esta planta es ideal para armarse de valor y fuerza. Provoca cambios positivos en su vida y, si está atascado con una pregunta o un problema desconcertante, puede utilizar el abeto balsámico para encontrar nuevas perspectivas y puntos de vista. También se utiliza como incienso, quemándolo sobre un plato de carbón.

Bambú: El bambú se utiliza para la buena suerte y la protección contra maldiciones y maleficios. Grabe un deseo o un sueño en un trozo de bambú, entiérrelo y verá cómo ese deseo se hace realidad en su vida. Otra forma sencilla de utilizar el bambú es llevar un trocito para atraer la buena suerte.

Cebada: La cebada es ideal para rituales de protección, curación y amor. Simplemente esparza cebada en su espacio ritual para alejar el mal. Tome unos granos de cebada y haga una cuerda con ellos. Ate esta cuerda alrededor de una pequeña piedra y láncela a un lago, estanque, río o arroyo mientras visualiza que la negatividad abandona su cuerpo y su mente y se disuelve en la nada en el agua.

Albahaca: La albahaca es una de las hierbas más poderosas de la magia gitana y se utiliza en hechizos y rituales relacionados con el amor y la riqueza. La magia de la albahaca también ayuda a eliminar los miedos y el mal y, por lo tanto, se utiliza regularmente en rituales de exorcismo. Si sabe que su camino está lleno de peligros y necesita avanzar, lleve un poco de albahaca para recibir ayuda divina. Puede llevar unas hojas de albahaca para atraer la riqueza y la prosperidad o para tener éxito en una entrevista de trabajo.

Laurel: El laurel aumenta sus poderes psíquicos. También se utiliza en hechizos y rituales de buena suerte. Como en el ritual del bambú, grabe su deseo en una hoja de laurel. Sosténgala durante un rato mientras visualiza que ese deseo se hace realidad. A continuación, queme la hoja mientras imagina que su deseo se hace realidad. Los gitanos duermen con una hoja de laurel bajo la almohada para facilitar los sueños proféticos. Lleve una hoja de laurel en el bolsillo o en el bolso como protección contra la magia negra.

Cera de abejas: Antiguamente, la cera de abejas era la única materia prima disponible para fabricar velas. En la práctica de la magia gitana, la cera de abejas se utiliza como base para bálsamos curativos a base de hierbas.

Abedul: El pueblo romaní utilizaba el abedul para diversos rituales mágicos de protección, purificación, cura de la infertilidad y exorcismo. Plante un abedul en el exterior de su casa para mantenerla a salvo del mal y la negatividad.

Cimicifuga racemosa: Esta planta atrae el amor, aumenta la potencia (para ello, haga una bolsita de amor y llévela en el bolsillo) y aumenta el coraje. Llévela en una bolsa morada para protegerse de los accidentes y mantenerse a salvo de quienes quieren hacerle daño. Añada un poco a su amuleto para tener valor y fuerza. Espolvoréela por toda su casa o habitación para alejar la negatividad y los efectos del mal de ojo. Quémela como incienso de amor.

Cardo bendito: Utilizado como protección contra la negatividad, el cardo bendito es utilizado por los gitanos para romper maldiciones y maleficios. Llevar esta hierba encima aumentará su fuerza. También se sabe que aumenta la potencia sexual en los hombres.

Borraja: El poder de la borraja infunde valor y agudiza los poderes psíquicos. Ponga unas flores de borraja en el agua del baño para levantar el ánimo, aumentar el coraje y proteger su casa del mal.

Espino cerval: Esta planta se utiliza para la buena suerte en los asuntos judiciales. Coloque espino cerval en su casa para alejar el mal y las fuerzas negativas. Utilice este sencillo ritual para hacer realidad un deseo o un sueño con espino cerval:

- Prepare una infusión o polvo de espino cerval.
- Sosténgalo en la mano y mire hacia el este.
- Gire en el sentido de las agujas del reloj permaneciendo en el mismo lugar hasta que vuelva a su posición original, mirando hacia el este.
- Mientras hace el círculo, esparza el polvo o infusión a su alrededor a la vez que visualiza su sueño o deseo.

Cactus: Los cactus son grandes plantas protectoras. Facilitan la castidad y ahuyentan la mala suerte. Cultive algunos cactus en su jardín para evitar que entren en su casa energías no deseadas. Coloque plantas de cactus en las cuatro direcciones de su casa o jardín para una protección total.

Flores de caléndula: Estas flores son excelentes para los tribunales y los asuntos legales. Lleve algunas en el bolsillo cuando vaya al juzgado para que el caso se decida a su favor. Poner algunas flores debajo de su cama hará que sus sueños se hagan realidad. Otra capacidad de estas flores es la de darle el poder de entender la comunicación de los pájaros. Coloque algunas bajo sus pies para entender el habla de los pájaros.

Alcanfor: El alcanfor se asocia con la adivinación, la conciencia psíquica y los sueños. Queme alcanfor para purificar el entorno. También aumenta el poder de persuasión. Añada alcanfor al agua cuando esté adivinando.

Alcaravea: Estas semillas son ideales para rituales relacionados con el amor, la pasión, la salud y la memoria. También tiene propiedades antirrobo. Coloque algunas semillas de alcaravea en su caja fuerte o esparza algunas semillas por su casa para mantener alejados a los ladrones. Las semillas de alcaravea se utilizan en rituales y hechizos relacionados con el amor y el romance, ya que acercan a los amantes. Los gitanos utilizan las semillas de alcaravea para consagrar sus herramientas mágicas y chucherías. Se puede llevar en una bolsita para mejorar la memoria. Coloque la bolsita bajo la almohada para recordar sus sueños.

Clavel: Esta flor es para la curación, la fuerza, la protección y el equilibrio. Quémela como incienso para potenciar su creatividad.

Hierba gatera: Esta planta es sagrada para Bast, la antigua deidad egipcia de los gatos. La hierba gatera se utiliza habitualmente en todos los rituales relacionados con gatos o deidades gatunas. Tanto la hierba gatera como los pétalos de rosa en bolsitas de amor dan resultados asombrosos. Combinada con el árbol del dragón, ayuda a eliminar los malos hábitos y los problemas de comportamiento. Cultivar hierba gatera en el jardín o cerca de la entrada de casa es estupendo para atraer la buena suerte y las bendiciones de los espíritus benévolos.

Cedro: El cedro es para el poder, la confianza, el dinero, la purificación y la curación. El cedro se utiliza para consagrar varitas. Haga saquitos para promover la paz y la calma. Colgar una rama de cedro en casa protege contra los rayos.

Celidonia: La celidonia es una hierba excelente para curar la depresión y ayuda en asuntos legales. Aporta alegría y victoria. Lleve consigo celidonia para aumentar la confianza personal, sobre todo cuando se enfrente a adversarios. La celidonia es una gran ayuda cuando realiza un trabajo ritual para liberarse a usted mismo o a otra persona de sentimientos de estar atrapado. Sin embargo, tenga en cuenta que la celidonia es un veneno y, por lo tanto, debe utilizarse con mucha, mucha precaución. Si tiene la más mínima duda, NO utilice la celidonia en ningún sitio a menos que esté bajo la supervisión de una persona formada y cualificada.

Manzanilla: La manzanilla se utiliza para reducir el estrés, para curar y en asuntos amorosos. Quemar manzanilla como incienso atrae la riqueza. Utilice la manzanilla en hechizos relacionados con el éxito y para romper maleficios y maldiciones. Si quiere que sus esfuerzos en el juego den fruto, la manzanilla puede ser útil. Antes de tomar las cartas en una partida de póquer, acuérdese de lavarte las manos con infusión de manzanilla.

Achicoria: Los poderes mágicos de la achicoria son excelentes para promover perspectivas positivas y potenciar su sentido del humor. Úntese con una infusión de achicoria si desea recibir favores de los demás.

Canela: La canela es una especia que funciona excelentemente en rituales y hechizos relacionados con la curación, la espiritualidad, el amor, el poder, la suerte, la protección, la pasión y la sabiduría. Queme canela durante las sesiones de meditación para aumentar la conciencia espiritual, potenciar sus poderes psíquicos y atraer el dinero.

Clavo: El clavo se utiliza en rituales de destierro, para alcanzar sueños y como protección. Queme clavo para eliminar los chismes y sus efectos nocivos en su vida. También limpia el aura y aumenta las vibraciones espirituales de la zona. Ensarte unos cuantos clavos y cuélguelos sobre las cunas de los bebés para protegerlos. Llévelo para atraer el amor y ayudarle durante el duelo.

Narciso - El narciso representa la fertilidad, el amor y la buena suerte. Llévelo cerca del corazón para atraer el amor a su vida. Coloque narcisos frescos en un hogar si sus habitantes están intentando tener hijos. Estas flores aumentan la fertilidad.

Hoja de diente de león - Entierre algunas hojas de diente de león en su jardín o en cualquier otro lugar para mantener su hogar a salvo de las fuerzas del mal y la negatividad. Son estupendas en hechizos para hacer realidad sus deseos y sueños.

Eneldo - El eneldo es la hierba del dinero, la pasión, la lujuria y la protección. Se utiliza en los rituales de bendición de las casas, ya que aleja la negatividad. El eneldo también ayuda a distinguir entre la superstición sin sentido y la magia real. Las semillas de eneldo pueden utilizarse en hechizos para atraer la riqueza. Si quiere una noche de pasión, huela semillas de eneldo antes de acostarse. También puede añadirlas a su baño. Báñese en esta agua antes de una cita y será irresistible.

Sangre de drago - La sangre de drago se quema como incienso para aumentar la potencia de cualquier hechizo o ritual debido a su fuerte poder para eliminar la negatividad y el mal. También se utiliza en rituales relacionados con la eliminación de malos hábitos y malas influencias.

Saúco - El saúco se utiliza en ceremonias de bendición de casas y negocios. Es bueno para liberar encantamientos y protege contra la negatividad. Ayuda a quien lo porta a enfrentar las tentaciones de cometer adulterio. También se utiliza en ritos funerarios para ayudar a las almas difuntas en su viaje al otro mundo. Algo con lo que debe tener extrema precaución: las raíces, la corteza y las bayas crudas del saúco son venenosas, por lo que deben utilizarse con sumo cuidado. Si no está seguro, no lo utilice.

Olmo - El olmo es utilizado por los practicantes de magia gitana para conectar con el mundo de los elfos. Si quiere evitar que alguien difunda malos rumores sobre usted, puede utilizar este sencillo hechizo: Escriba el nombre de la persona en una hoja de olmo y entiérrela en un lugar seguro. Las calumnias cesarán. El olmo también se utiliza como protección contra los rayos y para atraer el amor.

Eucalipto - El eucalipto atrae vibraciones curativas. Para ello, espolvoree un poco de eucalipto seco alrededor de una vela azul encendida. El aceite de eucalipto también es un gran purificador. Las hojas de eucalipto son un buen complemento para las almohadas de sueños y las bolsas curativas. Ponga unas cuantas hojas en su amuleto para sanar y reconciliar las diferencias en las relaciones.

Fenogreco - El fenogreco se utiliza en rituales y hechizos para atraer el dinero y mejorar la fertilidad. Coloque algunas semillas en su casa para atraer la riqueza. Busque un tarro pequeño y llénelo con algunas semillas de fenogreco. Añada semillas cada día al tarro. El dinero nunca dejará de fluir en su casa.

Matricaria - La matricaria se utiliza como protección contra resfriados, fiebres, gripes y accidentes. Guarde algunas de estas flores en su equipaje y en su auto mientras viaja.

Linaza - La linaza se utiliza en rituales curativos y monetarios. Estas semillas alejan la pobreza del hogar. Póngalas dentro de un pequeño frasco para este propósito. La linaza aumenta la precisión de los rituales de adivinación y sus resultados. Espolvoree una infusión de linaza alrededor de un espacio ritual de adivinación antes de comenzar un ritual.

Ajo - El poder mágico del ajo tiene fama de repeler a los vampiros desde hace mucho tiempo y se utiliza en rituales de exorcismo. Protege contra la magia negativa y hostil. Cuelgue algunas vainas de ajo en su casa para mantener unida a la familia. Llevar ajo cuando sale a la calle mantiene a raya el mal tiempo. Los gitanos utilizaban el ajo fresco para curar a los enfermos frotándolo sobre el cuerpo de la persona enferma. El ajo absorbe la enfermedad, y luego puede desecharse de forma segura.

Ginseng - Los usos mágicos del ginseng incluyen la belleza, el amor y la curación. Lleve un poco de ginseng para atraer el amor y aumentar la libido. Talle su deseo en una raíz de ginseng y échela al agua. Su deseo se hará realidad.

Acebo - Plante acebo en su casa o jardín con fines protectores. También se utiliza en magia para el amor, el matrimonio y la buena suerte. A los hombres con baja libido sexual se les recomienda que lleven plantas de acebo en el bolsillo, ya que se cree que aumentan la potencia sexual.

Jacinto - El jacinto, llamado así por el dios griego del amor y la intimidad entre personas del mismo sexo, es la flor del amor y la buena suerte. El jacinto es la hierba patrona de los homosexuales. Lleve flores de jacinto para protegerse de las pesadillas. Sus poderes mágicos también se utilizan para aliviar dolores de parto.

Hisopo - El hisopo es la hierba purificadora más utilizada en la magia gitana. Favorece la apertura espiritual y aumenta el poder de las vibraciones. Por lo tanto, es la hierba más buscada para consagrar herramientas y objetos mágicos. Basta con rociar una infusión de hisopo sobre objetos y personas para limpiarlos y purificarlos. Cuelgue un poco de hisopo en su casa para protegerla de ladrones e intrusos.

Musgo irlandés - El musgo irlandés es una increíble hierba de la buena suerte. Coloque un poco bajo su alfombra para atraer la riqueza a su hogar. Lleve un poco para protegerse cuando viaje. El musgo irlandés se utiliza para rellenar bolsitas o amuletos hechos para el dinero o el amor. Espolvoree una infusión de musgo irlandés alrededor de su negocio para aumentar las visitas.

Jazmín - El jazmín se utiliza en rituales relacionados con antídotos contra mordeduras de serpiente y para trabajos de adivinación. También se utiliza comúnmente para cargar cristales de cuarzo. Lleve flores de jazmín en bolsitas para atraer a su alma gemela. Quemar hojas secas de jazmín antes de dormir ayuda a inducir sueños proféticos. También mejora la creatividad y fomenta la innovación.

Kava - La kava puede formar una potente bebida sacramental y se usa como una poción mágica que induce el trabajo astral y visiones. Llévala con usted cuando viaje para obtener protección, ascensos y éxito profesional.

Lavanda - Los usos mágicos de la lavanda están relacionados con el amor, la protección, la paz y la curación. La lavanda es conocida por aliviar los síntomas de la depresión. Rocíe un poco de aceite de lavanda en su baño y tenga un sueño reparador. Combinada con romero, evita que los amantes se alejen. Si está ansioso o preocupado, queme flores de lavanda como incienso para sentirse tranquilo y en paz. Las cenizas de las flores quemadas pueden esparcirse por la casa para atraer la armonía y la tranquilidad.

Loto - El loto es sagrado para muchas culturas, como la egipcia, la india, etc. Las flores de loto adornan a muchos dioses indios y egipcios. Es muy útil para el crecimiento espiritual y psíquico, el amor y la protección.

Mirra - La mirra se utiliza para el despertar o la apertura espiritual, la curación y la meditación. Gracias a las altas vibraciones de los poderes psíquicos, es efectiva para aumentar el poder y la energía de todos los rituales y trabajos mágicos. El humo de la mirra puede utilizarse para limpiar y bendecir talismanes y amuletos. Normalmente, la mirra y el incienso se queman juntos como sahumerio.

Caléndula - Esta flor atrae admiración y respeto y funciona bien en los tribunales y otros asuntos legales. Añada una infusión de caléndula al agua del baño para atraer el amor. Esta flor es excelente para llevar en saquitos y amuletos de amor para atraer nuevas relaciones e intensificar el amor y el romance en las que ya existen.

Artemisa - La artemisa se puede llevar encima para curar la locura y otras enfermedades mentales. También es buena para la lujuria y la fertilidad. Colocar artemisa cerca de herramientas de adivinación y clarividencia aumenta sus poderes. Frotar una infusión de artemisa sobre los objetos es excelente para eliminar la negatividad y limpiar el aura mágica de las bolas de cristal y los espejos mágicos.

Roble - Se cree que el roble es el más sagrado de todos los árboles. La madera de roble se utiliza para construir muchas herramientas mágicas. Queme hojas de roble para purificar el entorno. Esto ayudará a fortalecer la unidad familiar. También reduce la rivalidad entre hermanos y familiares. Lleve un poco de roble en el bolsillo para mantenerse joven y sano. Aporta fuerza y sabiduría.

Flor de la pasión - Como su nombre lo indica, esta flor es estupenda para aumentar la libido y atraer amistad y prosperidad. Coloque algunas flores de la pasión en su casa para llevar la calma y reducir los conflictos y las discusiones. Puede utilizar una infusión de flores de la pasión como baño para reducir el estrés y las discusiones. Coloque algunas flores de la pasión bajo su almohada para dormir mejor. Añada un poco de infusión en su baño durante cinco días para atraer el amor.

Menta piperita - Coloque menta piperita en las almohadas para favorecer un sueño reparador y para tener sueños proféticos. El aceite de menta se puede utilizar para ungir objetos del hogar y mobiliario doméstico. Se quema como incienso para mejorar las vibraciones de los espacios sagrados y para la curación y la protección.

Romero - El romero se usa para mejorar la memoria y, por lo tanto, es excelente para los estudiantes. También se utiliza para armar almohadas de sueños y evitar pesadillas, y es bueno para hechizos y rituales relacionados con la salud, el amor y la pasión. El romero se quema como sahumerio antes de los rituales con fines de purificación y limpieza. Antes de cualquier ritual, para mayor protección, debe lavarse las manos con una infusión de romero.

Azafrán - El azafrán es un gran afrodisíaco y ayuda en el amor, la felicidad, la fuerza y la curación. Puede llevar consigo una pequeña cantidad de azafrán para aumentar su conciencia psíquica. Si está triste o deprimido, lavarse las manos con agua infusionada con azafrán atraerá la felicidad.

Salvia - La salvia es una de las hierbas más utilizadas para purificar. También ayuda a enfrentar el dolor y las pérdidas. La salvia favorece la salud espiritual, mental y física. Escriba su deseo en una hoja de salvia y colóquela debajo de la almohada. Hágalo durante tres noches para que sus sueños y deseos se hagan realidad. Si no sueña con su deseo, recuerde enterrar la salvia para evitar cualquier daño. Lleve un poco de salvia para obtener sabiduría y mejorar su claridad. La salvia se utiliza como sahumerio para despejar y limpiar los espacios rituales antes de iniciar un trabajo mágico.

Sándalo - El pueblo romaní espolvorea polvo de sándalo alrededor de sus carromatos para alejar la negatividad. Se puede utilizar un trozo de sándalo para curar varitas rotas. Facilita la concentración y, por lo tanto, es bueno para la meditación. Sus deseos pueden hacerse realidad con el siguiente hechizo: Tome un trocito de sándalo y grabe en él su deseo. Luego quémelo y visualice su deseo haciéndose realidad mientras se consume.

Hojas de té - Las hojas de té utilizadas en amuletos y talismanes son estupendas para infundir valor y fuerza. También se sabe que aumentan la libido, por lo que son perfectas para preparar bebidas relacionadas con la lujuria y la pasión. Quemar hojas de té atrae la riqueza y el dinero.

Verbena - La verbena se utiliza para el sueño, la riqueza y el dinero, además de estar relacionada con la juventud, la paz, la purificación y la protección. Guarde un poco en su casa para protegerse de las tormentas y los rayos. Si tiene pesadillas, ponga un poco de verbena bajo la almohada. Ponga un poco en el agua del baño para limpiarse mental y emocionalmente, sobre todo antes de practicar magia. También puede ponerla en amuletos de protección, especialmente para los niños.

Sauce - El sauce es el árbol sagrado de los deseos y es perfecto para la magia lunar y los trabajos de adivinación. Atrae y fortalece el amor y ayuda a superar la tristeza, la pena y la depresión. Lleve una ramita de sauce cuando tenga que enfrentarse a la muerte o a la pérdida de un ser querido.

Yuca - Esta planta se utiliza en rituales y hechizos de purificación, protección y transmutación. Utilice fibras de yuca para hacer un crucifijo y cuélguelo en su puerta principal para protegerse del mal y la negatividad. Antes de hacer un ritual mágico, limpie y purifique su cuerpo con una infusión de yuca.

Por último, una advertencia muy importante. No consuma ninguna de las hierbas, plantas y partes de plantas mencionadas en este capítulo sin consultar a un médico. Quemar sahumerios también requiere la máxima supervisión, precaución y cuidado. Por lo tanto, evítelo, especialmente en la etapa de principiante.

Capítulo 7: El tarot gitano I. Las cartas

Ahora que tiene una idea de los fundamentos de la magia gitana, vamos a sumergirnos en las prácticas adivinatorias gitanas, empezando por el tarot. La lectura de las cartas del tarot evoca imágenes de mujeres viejas, arrugadas y de pelo blanco que llevan pañuelos en la cabeza y miran dentro de bolas de cristal. Sí, es posible que las brujas gitanas vistieran así y, por supuesto, hay un aura de misticismo en torno a las cartas del tarot. Sin embargo, las lecturas del tarot ofrecen una visión de las distintas fuerzas que intervienen en su estado de vida actual y le guían para que tome decisiones sensatas e informadas para usted y sus seres queridos.

Las lecturas del tarot son excelentes para dar una idea de las diversas fuerzas en su vida actual
https://www.pexels.com/photo/assorted-tarot-cards-on-table-3088369/

Diferentes tipos de barajas de tarot

A lo largo de los años, diferentes culturas de todo el mundo han desarrollado múltiples barajas. En esta sección se describen algunas de ellas.

Baraja *Rider-Waite* - La baraja más popular disponible es la *Rider-Waite*. Comprende los arcanos mayores y menores clásicos. Fue publicada por primera vez por Arthur Edward Waite, un místico y académico. Las ilustraciones fueron realizadas por Pamela Coleman Smith, y su nombre es ahora sinónimo de las cartas del tarot.

Tarot Thoth - Esta baraja de tarot fue pensada y diseñada por el mago y ocultista inglés Aleister Crowley y fue publicada por primera vez en 1969. Las ilustraciones fueron realizadas por Lady Freida Harris, que creó, modificó y recreó dibujos según las especificaciones de Crowley.

Lo salvaje desconocido - Esta baraja está inspirada y extraída del antiguo espíritu animal y de la sabiduría animal para interpretar el presente y presagiar posibilidades futuras. Fue ilustrada y creada por Kim Krans y publicada por primera vez en 2012.

El tarot encantado - El tarot encantado fue creado por el equipo de esposos de Amy Zerner y Monte Farber. Las cartas fueron diseñadas bajo la premisa de que cualquiera que sea la pregunta que un buscador tenga en un momento determinado, revelarán las respuestas y situaciones conectadas a esa pregunta. Las lecturas de tarot a través de esta baraja no tienen por qué hacerse en persona; también se pueden hacer lecturas en línea, porque la intención es lo que importa.

El nuevo tarot mítico - Ilustrada por el internacionalmente aclamado artista griego Giovanni Caselli, la baraja del nuevo tarot mítico presenta dioses, diosas, héroes y semidioses de la mitología griega.

Como se mencionó anteriormente, la primera baraja, la de *Rider-Waite*, es la más popular, y es la que utilizan la mayoría de los lectores de tarot.

Estructura de la baraja

A continuación, se explora brevemente la estructura de la baraja, que se divide principalmente en arcanos mayores y arcanos menores.

Los arcanos mayores

Los arcanos mayores son las cartas más fácilmente reconocibles de la baraja del tarot. Los mensajes místicos que transmiten y expresan son impactantes y poderosos. Las veintidós cartas de los arcanos mayores reflejan diferentes aspectos de la vida humana. Las imágenes y los mensajes de estas cartas le dan una visión asombrosa del camino de su vida, sus sueños, sus propósitos, los obstáculos que le impiden alcanzarlos, su destino y mucho más.

Aunque cada una de las veintidós cartas de este subconjunto de la baraja del tarot lleva un mensaje específico que le guía en su viaje de la vida, colectivamente también cuentan una historia. El Loco, la primera de las veintidós cartas, es el protagonista de esa historia. Los arcanos mayores representan el viaje del Loco a medida que se encuentra con cada carta.

A medida que avanza por las otras veintiuna cartas, crece y aprende de las experiencias de la vida. La historia describe los diversos contratiempos y logros que se enfrentan a lo largo de la vida y que contribuyen a completar la propia personalidad. A continuación, se ofrece una breve descripción de las veintidós cartas de los arcanos mayores:

Carta #0 - El Loco - La primera carta de los arcanos mayores, el Loco representa los aspectos más vulnerables. El Loco es inexperto e inconsciente de sus fortalezas, debilidades y potencial. Cuando saca la carta del Loco, normalmente llama a la apertura y la voluntad de abrazar todo lo que sucederá en el futuro y aprender las lecciones que los acontecimientos y experiencias le enseñan.

Carta #1 - El Mago - La segunda carta de los arcanos mayores le recuerda que es único y especial. Le dice que tiene lo que necesita para conseguir lo que quiere. Sus dones y talentos le distinguen de la multitud. La carta del Mago le insta a no desperdiciar estas habilidades y a aprovecharlas para iniciar nuevos proyectos y/o superar retos y adversidades. Cuando saca la carta del Mago, no debe esperar más: debe avanzar y lograr sus objetivos.

Carta #2 - La Suma sacerdotisa - Indica la mente subconsciente y la conciencia. Es la carta más intuitiva de toda la baraja del tarot. Le recuerda que su mente sabe mucho más de lo que cree. Esta carta indica que debe seguir su corazón y confiar en sus instintos. Si saca la carta de la Suma sacerdotisa, es una señal para que deje de mirar hacia fuera y busque adentro las respuestas que necesita.

Carta #3 - La Emperatriz - La Emperatriz, profundamente conectada con la madre Tierra, manifiesta todo lo femenino, incluyendo la belleza, el amor y la compasión. La Emperatriz le exhorta a abrazar lo que el mundo le ofrece en cualquier situación, de modo que pueda aprovechar toda la energía para lograr los resultados que desea.

Carta #4 - El Emperador - El Emperador representa la autoridad y el poder. Esta carta es un signo de poder organizativo y liderazgo. Le recuerda que, al igual que un emperador, debe enfrentar y superar desafíos para convertirse en el rey de su vida. Si le sale esta carta, es un mensaje que le recuerda que usted tiene un gran control sobre su vida y puede decidir cómo quiere que sea.

Carta #5 - El Hierofante - El Hierofante es un mensajero de los cielos que lleva la sabiduría, la espiritualidad y el conocimiento al mundo humano. Si saca la carta del Hierofante, indica que debe seguir las reglas y normas en una situación en particular si quiere salirse con la suya. Además, es una indicación para encontrar una perspectiva espiritual de cada circunstancia considerada.

Carta #6 - Los Enamorados - La carta de los Enamorados no solo representa las relaciones románticas, sino todas las relaciones cercanas de la vida. Si le sale esta carta, significa que necesita centrarse en su vida amorosa. Normalmente, la carta de los Enamorados sale cuando se encuentra en una encrucijada y es un recordatorio de los valores y principios de su vida. La carta de los Enamorados le insta a no tomar decisiones precipitadas y equivocadas. Le dice que es su deber mirar todos los ángulos posibles de un problema dado y tomar decisiones informadas y sensatas.

Carta #7 - El Carro - Como un carro que se mueve rápidamente, esta carta es la manifestación de la determinación y el empuje humanos. Si elige la carta del Carro, puede indicarle que un acontecimiento exitoso o un esfuerzo victorioso está por venir. Esta carta también le recuerda que sus mayores éxitos no provienen de un pensamiento limitado o estrecho. Le dice que si combina el poder de su mente, su espíritu y su corazón, nada podrá detenerlo.

Carta #8 – La Fuerza - Como su nombre lo indica, esta carta representa la fuerza, aunque no necesariamente la fuerza física. Indica el poder y la fuerza de su corazón y lo valiente que es. Indica su fuerza de voluntad y su capacidad para enfrentarse a lo que la vida le depara. Si elige esta carta durante una lectura del tarot, es un mensaje de que tiene la fuerza para lidiar con lo que sea que esté enfrentando en este momento y que saldrá de la situación más fuerte y poderoso.

Carta #9 - El Ermitaño - El Ermitaño ama la soledad porque sabe que es posible encontrar soluciones y respuestas en un profundo silencio. La carta del Ermitaño le dice que la mejor manera de entender y procesar todo lo que sucede en su vida es retirarse del caos y del ruido. Le dice que encuentre su lugar de soledad para que pueda mirar hacia dentro y descubrir las respuestas a sus preguntas y las soluciones a sus preocupaciones.

Carta #10 - La Rueda de la fortuna - La Rueda de la fortuna le recuerda que la vida y las circunstancias cambian siempre, como una rueda giratoria. A veces se encuentra en la cima y a veces en el fondo. Esta carta le recuerda que nada es permanente y que todo, lo bueno y lo malo, llega a su fin. Es importante aprender todas las lecciones que las experiencias de la vida intentan enseñarle.

Carta #11 - La Justicia - La carta de la Justicia es un recordatorio de que lo que va, vuelve. Le dice que cada acción y no-acción tiene consecuencias. Su vida actual y lo que está experimentando es el resultado de sus decisiones y acciones pasadas, y es exactamente lo que se merece. Si saca esta carta, es una indicación de que debe examinar todo en su vida y asegurarse de que es lo mejor que puede.

Carta #12 - El Ahorcado - Esta carta suele aparecer cuando está en un limbo y no está seguro de qué hacer en una situación determinada. Si saca esta carta, quiere decir que no sabe qué hacer o por dónde empezar. En tal caso, comience siempre por soltar. Soltar puede ser ceder su control sobre algo o soltar los resultados y consecuencias de sus acciones. El Ahorcado le recuerda que debe hacer pequeños sacrificios para que el panorama general emerja a su favor.

Carta #13 - La Muerte - Lamentablemente, esta es una de las cartas más incomprendidas de la baraja del tarot. La carta de la Muerte no representa la muerte física. Simboliza ciclos que tienen principios y finales. Si bien la muerte representa finales, debe recordar que los finales también significan el comienzo de algo nuevo. Por lo tanto, la carta de la Muerte puede significar que es hora de dejar de aferrarse a viejas relaciones que ya no sirven a su propósito. Significa que es hora de dejar morir viejos sentimientos y recuerdos amargos y desagradables para que su corazón y su mente acepten cosas nuevas y hermosas.

Carta #14 - La Templanza - Como su nombre lo indica, esta carta representa la paciencia y la paz. Si saca esta carta, es una indicación de que fluya con la corriente, de que no se resista a las cosas y a los acontecimientos que suceden en su vida, y de que no fuerce que nada suceda. La carta de la Templanza es una clara señal de que debe tomar las cosas como vienen, ser flexible y adaptarse con sensatez a los cambios de su vida.

Carta #15 - El Diablo - Esta carta puede indicar que se siente impotente y limitado. Si saca esta carta, es probable que se sienta impotente y atrapado en una situación en la que no desea estar. El Diablo intenta convencerle de que no tiene opciones. Sin embargo, es mentira. Es su vida y usted puede retomar el control de ella. El sentimiento de estar atrapado no tiene nada que ver con fuerzas externas. Proviene únicamente de sus limitaciones internas y de la falta de voluntad para cambiar, avanzar o ver otra perspectiva. Las llaves para abrir su vida están en sus manos. Usted tiene su libertad.

Carta #16 - La Torre - La Torre representa la destrucción y es la carta más temida de la baraja del tarot. Normalmente se saca cuando toda su vida parece desmoronarse y no hay nada que pueda hacer al respecto. Esta carta le dice que deje que las cosas caigan, porque la destrucción también le permite acabar con sus debilidades. A veces, tiene que ser un iconoclasta, desafiar y destruir las cosas por completo para utilizar los restos en la construcción de algo mejor y más fuerte.

Carta #17 - La Estrella - Esta carta, que representa la curación y la esperanza, calma y tranquiliza. Trae renovación, optimismo e inspiración. Esta carta significa que está en el lado correcto del universo y que el cosmos está trabajando para usted. Está alineada con sus necesidades y deseos. Siga hacia donde su vida le está llevando.

Carta #18 - La Luna - Esta carta representa su mente subconsciente y manifiesta sus miedos reprimidos, dudas, sentimientos y pensamientos. Si elige la carta de la Luna, puede significar que está permitiendo que sus miedos y dudas le abrumen y le causen ansiedad. Estos miedos podrían anular sus recuerdos felices del pasado y su fe en un futuro feliz. Saque a la superficie estos sentimientos y pensamientos interiorizados, enfréntelos con madurez y sabiduría, y las preocupaciones y ansiedades desaparecerán.

Carta #19 - El Sol - Esta carta de luz y amor representa el optimismo y la felicidad. Si elige esta carta, significa que está en un momento feliz de su vida, y que las cosas están funcionando a su favor. Significa que se está moviendo en la dirección correcta. Escuche esta edificante carta e identifique y agradezca las cosas y personas buenas de su vida.

Carta #20 - El Juicio - Esta carta representa su pasado y su futuro uniéndose. Si recibe esta carta, es el momento de revisar lo que ha estado sucediendo en su vida, incluyendo sus elecciones y acciones, y ver si todo está alineado con el propósito final de su vida hacia el que quiere ir. Esta carta es un recordatorio de que nada está grabado en piedra y de que puede cambiar para mejor en cualquier momento de su vida.

Carta #21 - El Mundo - Esta carta es una manifestación de un círculo completo, de completar algo y tomar los frutos de su trabajo. Esta carta significa que está exactamente donde debe estar. Significa que su autoconciencia es alta y que ha alcanzado una gran comprensión de sí mismo y del mundo que le rodea. Significa que está preparado para la siguiente fase de su vida.

Los arcanos menores

El «menor» en los arcanos menores no quita en absoluto la importancia de estas cartas. De hecho, de las 78 cartas de una baraja de tarot, la mayoría son arcanos menores. Las cartas de los arcanos menores le proporcionan una visión de sus experiencias vitales a corto plazo. Son útiles, por ejemplo, para ver cómo va a ser su día o su semana. Indican a qué tipo de luchas, obstáculos y éxitos se enfrentará en los próximos días.

Cuando empieza cada mañana con una lectura de cartas del tarot, los arcanos menores que saque le ayudarán a dar lo mejor de usted en ese día en particular, sin importar las experiencias malas y/o buenas que le esperen. Los arcanos menores de la baraja de tarot se dividen en cuatro grupos de catorce cartas cada uno. Los grupos, llamados «palos» en el lenguaje de las cartas, son oros, espadas, copas y bastos. Cada uno de los cuatro palos se compone de lo siguiente:

- Cartas numeradas del uno al diez. El número uno se denomina As.
- Cuatro cartas de la corte, incluyendo el Rey, la Reina, el Caballero y el Paje.

Los bastos - Las cartas de este palo le indican cuándo debe actuar y cuándo no. Es el palo de la acción y la iniciativa.

Las copas - Este palo está relacionado con las emociones, las relaciones y la intuición. Las cartas de este palo le dan la dirección correcta en asuntos de amor y le ayudan a manejar sus emociones, desde las más pequeñas hasta las más grandes.

Las espadas - El palo de espadas simboliza los desafíos. Le da una indicación de los retos y obstáculos inminentes a los que probablemente se enfrentará y cómo aprovechar sus poderes para superarlos.

Los oros- El palo de oros se ocupa de las finanzas, la profesión y la carrera. Estas cartas responden a preguntas relacionadas con la familia, riqueza, salud y objetivos materiales a largo plazo.

Cada uno de estos palos es un indicador de ciertos aspectos de la vida. Las cartas numeradas y de la corte le muestran exactamente qué patrones energéticos están afectando a los aspectos de su vida. Echemos un vistazo a las catorce cartas y a su significado.

As (1) - Los ases suelen significar que el periodo actual del buscador (ya sea usted u otra persona) se encuentra al comienzo de una nueva aventura o empresa. Las cartas de los ases también indican empuje y determinación.

Dos (2) - La carta Dos tiene dos connotaciones contradictorias. Significa una situación dicotómica y también representa el equilibrio. Por lo tanto, no se puede avanzar hasta que se alcance el equilibrio.

Tres (3) - El Tres representa las interacciones y la comunicación y cómo afectan todos los aspectos de la vida, incluyendo el social, el profesional y el personal.

Cuatro (4) - El Cuatro representa una pausa o descanso. El descanso y la contemplación son esenciales para que cualquier viaje tenga éxito. Cuando le sale un cuatro, es el momento de dar un paso atrás y observar.

Cinco (5) - Sacar una carta de Cinco significa un momento de conflicto y adversidad. Esta carta le dice que es el momento de usar sus reservas de energía para hacer frente a experiencias negativas y desagradables. También puede significar una pérdida próxima.

Seis (6) - Los seises significan crecimiento y desarrollo. También le indican que debe encontrar su determinación interior para vencer los obstáculos y desafíos actuales para crecer y desarrollarse.

Siete (7) - Esta carta es un indicador de la confianza en usted mismo. Le dice que a pesar de los acontecimientos desagradables que ocurren en su vida, tiene los medios para superarlo todo, seguir adelante y alcanzar sus sueños.

Ocho (8) - Esta carta le dice que se prepare para cambios. Indica que el cambio es constante, y solo cuando cambie y se adapte encontrará el éxito y la felicidad. Esta carta también puede ser un indicador de que debe reevaluar su situación actual y cambiar su forma de afrontarla.

Nueve (9) - Esta carta es un indicador de muchas cosas, y le indican que debe encaminar sus esfuerzos hacia algún tipo de resultado(s). Por supuesto, puede no ser algo que usted espere o le guste.

Diez (10) - Esta carta representa una línea de meta o el final de un ciclo o periodo. Significa que recogerá los frutos y consecuencias de sus esfuerzos y acciones.

Paje - Cuando recibe una carta de Paje, sabe lo que quiere, pero no está seguro de cómo conseguirlo. El Paje es un mensaje de que debe reunir toda la información y los recursos que necesita para dar los pasos necesarios y alcanzar sus objetivos.

Caballero - Cuando saca la carta de los Caballeros, es el momento de empezar a trabajar, pasar a la acción y poner las ruedas en movimiento. El Caballero representa el movimiento, y tiene que ponerse en marcha para llegar a donde quiere.

Reina - La carta de la Reina representa su potencial interior. Sin embargo, también significa que no puede hacer las cosas solo. Le dice que es hora de buscar el consejo de las personas sabias y experimentadas de su vida.

Rey - Esta es una carta de autoridad y poder. Le recuerda su poder interior y le dice que lo aproveche para alcanzar sus metas y deseos.

La lectura de las cartas del tarot implica muchas capas de comprensión, incluyendo lo que quiere ver y oír. Su instinto también juega un papel importante. La información de este capítulo es una simple presentación de las diversas «herramientas» de interpretación.

Depende totalmente de usted, el lector, llegar a sus propias interpretaciones recurriendo a su intuición y asociando el significado de los números de las cartas con el significado de sus representaciones. El próximo capítulo profundiza en este aspecto.

Capítulo 8: Tarot gitano II - Lectura de las cartas

En este capítulo aprenderá a leer las cartas como un gitano. Las cartas de los arcanos mayores y menores encierran significados de la vida y respuestas a las preguntas. Cuando se tiran y se leen juntas, dan mensajes creíbles que apuntan en la dirección de las respuestas que se buscan al consultar las cartas del tarot. La capacidad de interpretar los significados de las cartas lanzadas reside en el sistema de creencias y las narrativas internas de cada uno. Así pues, empecemos.

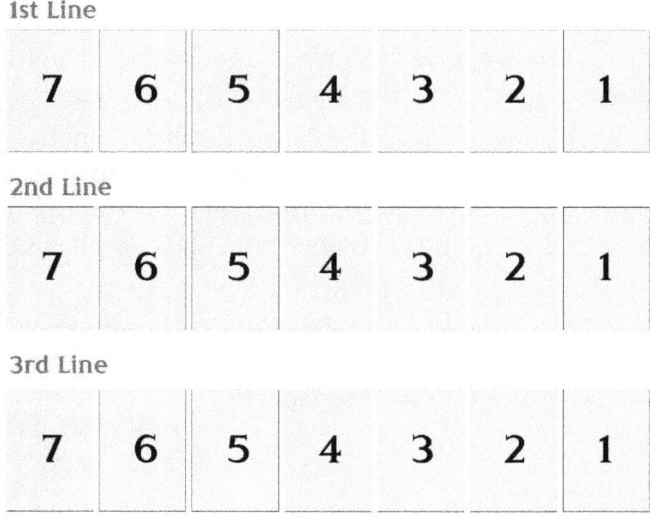

Empiece por mirar cada una de las cartas y comprender lo que significan. Concéntrese en la ilustración en detalle. A continuación, concéntrese en cada carta y piense en su significado, tanto boca arriba como boca abajo. Veamos la información de las 78 cartas para este propósito.

Interpretación de los arcanos mayores

La carta del Loco - Cuando está en posición habitual, representa la inocencia, el espíritu libre y los nuevos comienzos. La carta del Loco en posición habitual significa que debe prepararse para una nueva aventura. Cuando está invertida, representa la desconsideración, la imprudencia y que se aprovechen de usted o le den por sentado.

La carta del Mago - Cuando está derecha, simboliza la creación, el deseo, la fuerza de voluntad y la manifestación. Una carta de Mago invertida simboliza la falta de contacto, el engaño y la ilusión.

La carta de la Suma sacerdotisa - Cuando está derecha, representa la voz interior, la mente subconsciente y la intuición. En posición invertida, la carta de la Suma sacerdotisa representa sentimientos reprimidos, la descentración y la desconexión de su voz interior.

La carta de la Emperatriz - Cuando está en posición vertical, simboliza a la madre naturaleza, la fertilidad y la maternidad. En posición invertida, esta carta representa una actitud entrometida, la asfixia, la dependencia y el vacío.

La carta del Emperador - En posición vertical, representa la paternidad, la estructura, la autoridad y el control. Invertida, representa la frialdad, la tiranía y la rigidez.

La carta del Hierofante - En posición vertical, representa la ética, la moral, la tradición y el conformismo. En posición invertida, representa los nuevos enfoques, la rebelión y la subversión.

La carta de los Enamorados - En posición vertical simboliza la dualidad, la unión y la asociación. En posición invertida, simboliza la falta de armonía, la unilateralidad y la pérdida de equilibrio.

La carta del Carro - En posición vertical, significa control, dirección y fuerza de voluntad. En posición invertida, simboliza agresividad y falta de control o dirección.

La carta de la Fuerza - En posición vertical, significa concentración, valentía, compasión y fuerza interior. En posición invertida, representa la inseguridad, la debilidad y la duda.

La carta del Ermitaño - En posición vertical, se refiere a la guía interior, la búsqueda de la verdad y la contemplación. En posición invertida, se refiere a la pérdida del camino, la soledad y el aislamiento.

La carta de la Rueda de la fortuna - En posición vertical, representa la inevitabilidad del destino, los ciclos y los cambios. En posición invertida, implica mala suerte, aferrarse al control y perderlo.

La carta de la Justicia - En posición vertical, representa la verdad, la claridad y la causa y efecto (o las consecuencias). En posición invertida, representa la injusticia, la deshonestidad y la falta de responsabilidad.

La carta del Ahorcado - En posición vertical, representa el martirio, el sacrificio y la liberación. En posición invertida, puede interpretarse como miedo, sacrificio innecesario o estancamiento.

La carta de la Muerte - En posición vertical, representa la metamorfosis, el cambio, el fin de los ciclos y los nuevos comienzos. En posición invertida, representa la decadencia, el estancamiento, el aferramiento y el miedo al cambio.

La carta de la Templanza - En posición vertical, representa la búsqueda del verdadero sentido, la paciencia y el camino medio y equilibrado. En posición invertida, representa la falta de equilibrio, los extremos y los excesos.

La carta del Diablo - Cuando está en posición vertical, representa el juego, el materialismo y la adicción. En posición invertida, representa la restauración del control, la liberación y la libertad.

La carta de la Torre - En posición vertical, representa el desastre, la agitación repentina y el orgullo roto. En posición invertida, manifiesta el miedo al sufrimiento, el desastre retrasado o el desastre evitado.

La carta de la Estrella - Cuando está en posición vertical, representa el rejuvenecimiento, la esperanza y la fe. En posición invertida, representa la inseguridad, la falta de fe y el desánimo.

La carta de la Luna - En posición vertical, representa la intuición, las ilusiones y el inconsciente. En posición invertida, representa la mala interpretación, la confusión y el miedo.

La carta del Sol - En posición vertical, significa positividad, alegría, éxito y celebración. En posición invertida, significa tristeza, depresión y negatividad.

La carta del Juicio - En posición vertical, significa despertar, ajuste de cuentas y reflexión. En posición invertida, representa el odio a uno mismo, la poca autoconciencia y la duda.

La carta del Mundo - Cuando está en posición vertical, simboliza la plenitud, la armonía y la realización. En posición invertida, simboliza la falta de cierre y la inquietud por las cosas que no se han completado.

Interpretación de los arcanos menores

El palo de bastos

Los bastos simbolizan nuestro poder innato para atraer la energía cósmica primigenia, que se redirige en forma de pasión, fuerza de voluntad e inspiración en nuestro interior, todo lo cual desempeña un papel importante a la hora de llevar una vida feliz, significativa y llena de propósitos. El palo de bastos representa el elemento fuego. El fuego también representa la acción y el propósito. Por lo tanto, las cartas de este palo indican sus ambiciones y planes de acción posteriores.

As de bastos - Cuando está en posición vertical, representa el deseo, la inspiración, la fuerza de voluntad y la creación. Invertida, puede significar aburrimiento y falta de energía y pasión.

Dos de bastos - En posición vertical, representa la salida de casa, la toma de decisiones y la planificación. Invertida, significa mala planificación, miedo al cambio o el conformismo.

Tres de bastos - En posición vertical, representa el crecimiento rápido, la visión de futuro y la expansión. Invertida, significa frustración, obstáculos y retrasos.

Cuatro de bastos - En posición vertical, representa la celebración, la comunidad y el hogar. Invertida, representa conflictos en el hogar, falta de apoyo y fugacidad.

Cinco de bastos - En posición vertical, representa la rivalidad, la competencia y el conflicto. Invertida, manifiesta respeto por las diferencias, conflicto y evasión.

Seis de bastos - En posición vertical, representa la recompensa pública, el éxito y la victoria. Invertida, representa el castigo, la falta de reconocimiento y el exceso de orgullo.

Siete de bastos - En posición vertical, representa el control, la actitud defensiva y la perseverancia. Al revés, significa abrumación, derrotismo y destrucción.

Ocho de bastos - Cuando está en posición vertical, significa que debe tomar decisiones rápidas o actuar con celeridad. Invertida, significa ir más despacio, esperar y no entrar en pánico.

Nueve de bastos - Cuando está en posición vertical, significa valentía y resistencia. Invertida, manifiesta motivaciones dudosas, fatiga y agotamiento.

Diez de bastos - En posición vertical, representa la carga, la responsabilidad y los logros. Invertida, representa el agotamiento, el estrés excesivo y la incapacidad para delegar.

Paje de bastos - En posición vertical, puede interpretarse como libertad, entusiasmo y exploración. Invertida, significa conflicto, falta de dirección y postergación.

Caballero de bastos - En posición vertical, representa la intrepidez, la acción y la aventura. Invertida, manifiesta imprudencia, impulsividad e ira.

Reina de bastos - En posición vertical, representa la alegría, la determinación y el valor. Invertida, significa inseguridad, celos y egoísmo.

Rey de bastos - En posición vertical, representa la superación de retos, el liderazgo y la visión de conjunto. Invertida, manifiesta objetivos y expectativas inalcanzables, impulsividad y una actitud prepotente.

El palo de copas

El palo de copas está relacionado con la creatividad, la intuición y las emociones, y representa el elemento agua. Las cartas de este palo hablan de las relaciones románticas, familiares, platónicas y de la imaginación. En casos menos positivos, las cartas del palo de copas hablan de sentimientos incontrolables.

As de copas - En posición vertical, significa intuición, espiritualidad y nuevos comienzos. Invertida, significa vacío, bloqueos en la creatividad y pérdida emocional.

Dos de copas - En posición vertical, representa la conexión, la unidad y las asociaciones. Invertida, representa la tensión, el desequilibrio y la comunicación rota.

Tres de copas - En posición vertical, representa la felicidad, la comunidad y la amistad. Invertida, manifiesta aislamiento, habladurías y exceso de indulgencia.

Cuatro de copas - En posición vertical, representa la desconexión, la apatía y la contemplación. Invertida, representa la aceptación, la revelación o la toma de conciencia repentina y la elección de la felicidad.

Cinco de copas - En posición vertical, puede interpretarse como autocompasión, pena o pérdida. Invertida, representa la búsqueda de la paz, la superación y la aceptación.

Seis de copas - En posición vertical, representa la curación, los recuerdos felices y la familiaridad. Invertida, representa la independencia, dejar el hogar y seguir adelante.

Siete de copas - En posición vertical, significa soñar despierto, tomar decisiones y buscar un propósito. Invertida, significa confusión, desvío del camino y falta de propósito.

Ocho de copas - En posición vertical, significa soltar, alejamiento y desilusión. Invertida, significa miedo a la pérdida, evasión y miedo al cambio.

Nueve de copas - En posición vertical, significa lujo, estabilidad emocional y satisfacción. Invertida, significa insatisfacción, petulancia y falta de alegría interior.

Diez de copas - En posición vertical, representa la realización de los sueños, la felicidad interior y la plenitud. Invertida, significa desarmonía doméstica, familia rota y sueños rotos.

Paje de copas - Cuando está en posición vertical, significa sensibilidad, sueños y una próxima sorpresa feliz. Invertida, significa decepción, inseguridad e inmadurez emocional.

Caballero de copas - Cuando está en posición vertical, significa romance, idealismo y seguir el corazón. Invertida, significa decepción y mal humor.

Reina de copas - En posición vertical, significa consuelo, calma y compasión. Invertida, significa dependencia, inseguridad y martirio.

Rey de Copas - En posición vertical, significa control, equilibrio y compasión. Invertida, significa malos consejos, frialdad y mal humor.

El palo de espadas

Asociado con el elemento aire, el palo de espadas se ocupa de la inteligencia, la verdad, la lógica, la ambición, la comunicación y el conflicto. Curiosamente, este palo se llama «espadas», y el intelecto y la lógica son elementos que pueden utilizarse con fines malos o buenos, como espadas de doble filo. En el peor de los casos, las cartas del palo de espadas pueden significar falta de empatía, dureza y abuso.

As de espadas - Cuando está en posición vertical, representa una mente aguda, claridad y avances. Invertido, representa el caos, la brutalidad y la confusión.

Dos de espadas - En posición vertical, representa el estancamiento, la indecisión y las elecciones difíciles. Invertido, significa confusión, tener que elegir el menor de dos males y estar atrapado.

Tres de espadas - Cuando está en posición vertical, representa la pena, el sufrimiento y el desamor. Invertida, representa la superación, el perdón y la recuperación.

Cuatro de espadas - Cuando está en posición vertical, significa tiempo de contemplación, descanso y restauración. Invertida, significa estrés, agotamiento e inquietud.

Cinco de espadas - Cuando está en posición vertical, representa la astucia, el deseo de ganar a toda costa y la ambición desenfrenada. Invertida, representa el deseo de perdonar y reconciliarse y el resentimiento persistente.

Seis de espadas - Cuando está en posición vertical, significa seguir adelante, dejar algo atrás y transición. Invertida, representa la resistencia a la transición, los asuntos sin resolver y la carga emocional.

Siete de espadas - En posición vertical, representa el engaño, la estrategia, la táctica y la decepción. Invertida, representa un cambio de enfoque y la sinceridad.

Ocho de espadas - Cuando está en posición vertical, significa autovictimización, encarcelamiento y trampa. Invertida, representa la libertad, una nueva perspectiva y la autoaceptación.

Nueve de espadas - En posición vertical, significa trauma, ansiedad y desesperanza. Invertida, significa esperanza y tender la mano.

Diez de espadas - En posición vertical, representa la derrota, el colapso y el fracaso. Invertida, significa el final inevitable, que lo peor ya está hecho y solo queda el movimiento ascendente.

Paje de espadas - En posición vertical, representa la energía mental, la inquietud y la curiosidad. Invertida, significa hablar mucho y no hacer nada, manipulación y engaño.

Caballero de espadas - Cuando está en posición vertical, significa defender sus creencias, acción e impulsividad. Invertida, significa imprevisibilidad, falta de consideración por las consecuencias y falta de dirección.

Reina de espadas - En posición vertical, representa la lucidez, la perspicacia y las situaciones complejas. Invertida, significa amargura, crueldad y frialdad.

Rey de Espadas - Cuando está derecho, significa verdad, disciplina y poner la cabeza por encima del corazón en todos los asuntos. Al revés, significa debilidad, crueldad y manipulación.

El palo de oros

Asociado con el elemento tierra, el palo de oros se ocupa de todas las cosas materialistas y mundanas, incluyendo las finanzas y el dinero, la estabilidad, la seguridad, la salud, la naturaleza y la prosperidad. Las cartas de este palo también suelen indicar asuntos relacionados con el hogar y la carrera profesional. Las cartas invertidas indican avaricia, ambición desmedida, tacañería y celos.

As de oros - Cuando está en posición vertical, representa nuevas empresas, prosperidad y oportunidades. Invertido, representa una mala inversión y una oportunidad perdida.

Dos de oros - Cuando está en posición vertical, representa la adaptación al cambio, las prioridades y el equilibrio en las decisiones. Al revés, significa abrumación, pérdida del equilibrio y desorganización.

Tres de oros - En posición vertical, representa la colaboración y el trabajo en equipo. Invertido, se manifiesta como conflicto de grupo o equipo, desorganización y falta de trabajo en equipo.

Cuatro de oros - Cuando está en posición vertical, significa seguridad, frugalidad y conservación. Invertido, significa posesividad, tacañería y avaricia.

Cinco de oros - En posición vertical, significa inseguridad, pobreza y necesidad. Invertido, significa mejora, caridad y recuperación.

Seis de oros - En posición vertical, significa compartir, generosidad y caridad. Invertida, significa dominación y poder, tacañería y ataduras a la ayuda o el apoyo.

Siete de oros - Cuando está en posición vertical, representa la diligencia, la perseverancia y el trabajo duro. Invertido, significa no obtener recompensas o trabajar sin resultados y con distracciones.

Ocho de oros - Cuando está en posición vertical, significa altos estándares, pasión y aprendizaje. Invertido, significa falta de motivación, pasión o sentimiento o falta de inspiración.

Nueve de oros - Cuando está en posición vertical, representa el lujo, las recompensas y los frutos del trabajo. Invertido, significa falso éxito, vivir por encima de las posibilidades y gastos excesivos.

Diez de oros - Cuando está en posición vertical, significa herencia, legado y culminación. Invertido, significa falta de recursos, inestabilidad y éxito efímero.

Paje de oros - Cuando está en posición vertical, manifiesta diligencia, deseo y ambición. Invertida, representa la pereza, la avaricia y la falta de compromiso.

Caballero de oros - En posición vertical, representa la responsabilidad, el trabajo duro y la eficacia. Invertido, representa el trabajo sin recompensa, la obsesión y la pereza.

Reina de oros - Cuando está en posición vertical, significa comodidad financiera, comodidades y sentido práctico. Invertida, significa asfixia, egocentrismo y celos.

Rey de oros - Cuando está en posición vertical, significa seguridad, prosperidad y abundancia. Invertido, significa sensualidad, avaricia e indulgencia.

Siga leyendo y aprendiendo sobre los mensajes y las interpretaciones de cada una de las 78 cartas de la baraja de tarot. Cuanto más lea, más conectará con las cartas que obtenga y mejores serán sus interpretaciones.

Mezclar la baraja

Antes de cualquier lectura, es imprescindible que mezcle la baraja del tarot. Este gesto aparentemente sencillo de barajar las cartas tiene mucho sentido. Es un esfuerzo deliberado para conectar con las energías de la baraja. Por lo tanto, mientras baraja las cartas, siéntalas en sus manos. Concéntrese en la pregunta que tiene. Si está buscando respuestas para otra persona, utilice el tiempo de barajar para hacerle preguntas de tal manera que entienda exactamente lo que quiere saber. Pídale que formule sus preguntas de forma correcta y precisa.

No se precipite en el proceso de barajar. Tómese su tiempo para reflexionar, pensar y visualizar la pregunta o consulta. Cuando mezcla, está abriendo el portal que conecta nuestro mundo con el mundo espiritual. Cuando esté completamente satisfecho con lo barajado, coloque las cartas en su tela favorita y comience a disponerlas.

Lectura e interpretación de las cartas del tarot

Una vez que haya comprendido los conceptos básicos de las cartas del tarot y lo que cada una representa a grandes rasgos, es hora de entender cómo leerlas una vez que haya dispuesto la tirada (la disposición gitana clásica se trata en la siguiente sección). No se limite a leer las cartas y sus significados. En su lugar, cree una narración a partir de las interpretaciones y significados que le da cada carta.

Cuando se empieza a leer las cartas del tarot, a menudo se hace «según las instrucciones», y es un buen método para principiantes. Al comenzar su viaje, lo más probable es que utilice su comprensión básica de los significados de cada carta para leer una tirada de tarot. De hecho, tenga este libro cerca para buscar los significados si tiene dudas. También puede escribir los significados en las propias cartas para facilitar la lectura. Por supuesto, si no quiere manchar sus cartas con ningún tipo de escritura o marca, es mejor tener este libro a mano.

Sin embargo, a medida que lea repetidamente y aprenda los significados de manera que pasen a formar parte de su corazón y de su alma, también deberá aprovechar el poder de su instinto. Comparta sus pensamientos con quien pregunta a medida que levanta y lee cada carta de la tirada. Solo recuerde ser amable y compasivo y no utilizar palabras que sugieran fatalidad y pesimismo. Las cartas pueden dar malas noticias, pero también muestran salidas a caminos difíciles. Así que aproveche para transmitir mensajes con sabiduría y madurez. Y lo más importante, todo el mundo tiene en su interior la capacidad de cambiar el camino a través de las elecciones que hace.

La disposición gitana clásica

Se pueden utilizar muchas disposiciones de las cartas del tarot para las lecturas. Hablaremos de la clásica tirada gitana, que es sencilla y revela mucho sobre las preguntas o dudas del consultante. Puede hacerla para usted o para otra persona. Es una tirada bastante libre que deja mucho espacio para interpretaciones flexibles dependiendo de las preguntas y de sus instintos.

Después de barajar como se ha descrito anteriormente, saque veintiún cartas y dispóngalas en tres filas de siete cartas cada una, colocando las cartas del uno al siete en la primera fila yendo de izquierda a derecha, utilizando después las cartas del ocho al catorce para formar la segunda fila y de nuevo de izquierda a derecha y, por último, las cartas del quince al veintiuno en la tercera fila de izquierda a derecha. La primera fila quedará arriba, la segunda en el centro y la última abajo.

La lectura de la tirada gitana clásica es bastante fácil y se hace mirando el pasado, el presente y el futuro. La fila superior representa el pasado, la central el presente y la inferior el futuro. En la fila superior, las cartas uno, dos y tres representan el pasado lejano, y las cartas cinco, seis y siete significan el pasado reciente.

Observe las distintas cartas de cada una de las filas, incluidas las ilustraciones, deduzca los significados de cada carta a partir de lo mencionado en el capítulo anterior y en este (incluidas las cartas invertidas), profundice en su intuición, compare las notas con sus preguntas y las respuestas surgirán muy pronto.

Además, puede profundizar en esta tirada leyendo las siete columnas de izquierda (empezando por la columna uno) a derecha (terminando con la columna siete). Veamos las columnas con más detalle.

La columna uno contiene las cartas uno, ocho y quince y representa el yo. Estas tres cartas indican los elementos más críticos de la pregunta. A veces, las cartas pueden significar la pregunta que se está planteando de entrada. Sin embargo, a veces, estas cartas pueden indicar preguntas ocultas u oscuras, pero muy relevantes, y algunos elementos relacionados en los que hay que centrarse para ver o vivir mejor la situación actual.

La columna dos manifiesta el entorno personal del buscador, que puede ser usted u otra persona que busca respuestas en su lectura del tarot. Esta columna está formada por las cartas números dos, nueve y dieciséis. El entorno personal incluye las relaciones cercanas con familiares, amigos, parejas, amantes, cónyuges, colegas y jefes. Estas cartas muestran las relaciones del buscador con estas personas en su vida, o en la suya, si está leyendo para usted mismo.

La columna tres, formada por las cartas tres, diez y diecisiete, representa los sueños y esperanzas del buscador. También es la columna que revela los miedos y ansiedades del buscador.

La cuarta columna, formada por las cartas cuatro, once y dieciocho, representa los factores conocidos y determinantes en la situación actual del buscador. Estos elementos podrían incluir los planes que ya están en marcha, las experiencias que ya han sucedido o los fracasos y éxitos de los que ya se es consciente. También señala lo que actualmente preocupa o inquieta al buscador.

La columna cinco, con las cartas números cinco, doce y diecinueve, indica un destino oculto, especialmente sorpresas a la vuelta de la esquina. Si lee las cartas de esta columna en profundidad, es probable que encuentre circunstancias imprevistas inminentes y pistas sobre la justicia kármica.

La columna seis tiene las cartas números seis, trece y veinte. Representa el futuro a corto plazo e incluye acontecimientos y experiencias que probablemente ocurrirán en los próximos meses.

La columna siete contiene las cartas números siete, catorce y veintiuno y representa los resultados y resoluciones a largo plazo. A veces, las ideas y significados que surgen de las columnas seis y siete pueden converger y/o solaparse. Si hay una falta total de superposición, puede indicar que un giro inesperado del destino es inminente.

Fin de la sesión de lectura del tarot

Después de la sesión de lectura, pregunte al buscador si sus preguntas han sido respondidas. Si lo hace para usted mismo, dedique unos instantes a ver si ha obtenido las respuestas.

Si no es así, pídale al consultante con delicadeza que haga las preguntas que antes le incomodaban, ahora que ya se ha compenetrado razonablemente bien con él. Si es para usted mismo y no está satisfecho con la lectura, profundice en su mente y pregúntese si está reteniendo algo desagradable o incómodo.

Si la respuesta es no, haga un reajuste y no dude en repetir la lectura. Tómese un breve descanso y haga una segunda lectura. Puede que desee recargar su baraja antes de hacer la segunda lectura. También es bueno esperar unas semanas para hacer una segunda lectura. Los gitanos suelen esperar a que termine el ciclo lunar actual antes de hacer otra lectura para la misma persona con las mismas preguntas.

Tanto si la lectura se resuelve satisfactoria como insatisfactoriamente, recuerde dar gracias al universo por estar con usted durante la lectura.

Capítulo 9: Otros tipos de adivinación gitana

El tarot no es la única práctica adivinatoria utilizada por el pueblo gitano. Usan muchas otras prácticas adivinatorias, incluyendo lecturas de hojas de té, clarividencia (especialmente con una bola de cristal), quiromancia, y otras. Veamos cómo funcionan algunos de estos métodos adivinatorios.

El tarot no es la única práctica adivinatoria utilizada por el pueblo romaní
https://www.pexels.com/photo/gold-kettle-pouring-hot-water-on-cup-of-tea-230477/

Lectura de las hojas de té

La práctica de leer las hojas de té que quedan en una taza después de que el buscador haya bebido la infusión se denomina taseografía o taseomancia. El lector de hojas de té identifica los símbolos formados por las hojas sobrantes e interpreta sus mensajes. Se trata de un método de adivinación sencillo pero profundo utilizado por el pueblo gitano.

La razón de que no sea tan popular como la lectura de las cartas del tarot es quizás que no se comprende muy bien, al menos todavía. Rectifiquemos ese error y aprendamos algunas nociones básicas sobre la taseomancia. Un texto de 1881 sobre la lectura de las hojas de té titulado *Reading Tea Leaves* (Leyendo las hojas de té), de un autor desconocido que responde al nombre de «*A highland seer*» (Un vidente de las tierras altas), es el documento inicial para la mayoría de los lectores de hojas de té.

La lectura de las hojas de té consiste en dirigir la energía interior para leer e interpretar los patrones formados por las hojas de té que quedan en una taza. Redirigir la energía intuitiva es la base de todos los métodos de adivinación. Cuando nos centramos en las hojas de té sobrantes, se convierten en conductos de energía y reflejan nuestras experiencias, sentimientos y pensamientos, incluido el futuro. Cuando bebemos la infusión con la mente concentrada en cualquier pregunta a la que buscamos respuesta, las hojas revelan información relevante. Estas hojas, como conductos de energía, también ofrecen consejos y predicen el futuro.

¿Cómo se leen las hojas de té? Lo primero que hay que hacer es preparar una buena taza de té; aunque el proceso difiere del de preparar té para beber habitualmente. Necesitará: Una taza de té blanca, agua caliente y hojas de té.

Puede utilizar cualquier té de su elección y gusto. Solo recuerde abstenerse de utilizar té de bolsitas, ya que su forma no permite la lectura. Ponga unas hojas de té en la taza. A continuación, vierta agua caliente sobre las hojas. No es necesario esperar a que se filtre, ya que las hojas deben permanecer en la taza.

Mientras espera a que el agua se enfríe, concéntrese en su intención (si lo hace para usted mismo) o hable con el buscador o consultante sobre sus necesidades en relación con la lectura. Concentrarse en la intención tiene por objeto transferir su energía a las hojas de té, que son muy absorbentes. Su pregunta o intención debe ser específica, porque las preguntas generales le darán respuestas generales que a menudo son insatisfactorias.

Cuando el agua se haya enfriado lo suficiente, el consultante (ya sea usted u otra persona) debe beber el té mientras continúa concentrándose en la intención. Cuando quede aproximadamente una cucharada de té en la taza, el consultante debe voltear y girar la taza. Se trata de un ritual esencial que debe realizarse con dedicación y diligencia. Pida al consultante que sostenga la taza con la mano izquierda y la gire en el sentido de las agujas del reloj.

A continuación, voltee lenta y cuidadosamente la taza con el té restante sobre un plato y déjela reposar en esta posición durante aproximadamente un minuto. A continuación, gire la taza tres veces y colóquela en posición vertical, asegurándose de que el asa mira hacia el sur. Si mira dentro, verá que las hojas de té están dispuestas alrededor de la taza en varios grupos, formas y tamaños, cada uno de los cuales contiene información sobre la intención o pregunta.

En el libro *Reading Tea Leaves* se recogen más de 150 símbolos. Se trata de un recurso de dominio público. Veamos brevemente algunos símbolos que pueden formar las hojas de té sobrantes y lo que significan.

Los patrones que se forman en la taza de té suelen clasificarse en cinco tipos: objetos, animales, números, criaturas míticas y letras con interpretaciones generales.

Objetos: Una cruz representa bloqueos. Un corazón puede significar un nuevo amor o una mejora de la armonía y el amor en una relación existente. Una vela o una bombilla significan que el consultante (o usted, si está buscando respuestas para sí mismo) recibirá nuevas ideas y conocimientos. Los triángulos son signos de buena fortuna. Si ve una cama, el consultante debe tomarse un descanso. Las manzanas representan el conocimiento.

El sol, como siempre, representa la felicidad y el éxito. Si ve una herradura, debe pedir un deseo. Una espada, un cuchillo o una daga pueden significar un peligro inminente. Si ve hojas de té formando líneas, está encadenado o hay un viaje próximo para usted. Si ve muchos puntos, le espera una mayor actividad en un futuro próximo.

Animales - Los peces son signo de buena suerte. Los elefantes representan longevidad y buena salud. Los pájaros suelen significar libertad, viajes, noticias o la llegada de un mensaje. Una abeja podría indicar que el consultante va a estar muy ocupado. Si ve un gato, podría interpretarse como un secreto que sale a la luz. Las mariposas representan el destino. Los perros, como era de esperar, representan amigos leales. Un león significa alguien en una posición de autoridad.

Números - Los números suelen referirse al tiempo. Debe leer los números junto con los patrones que los rodean, porque pueden significar cuándo sucederá algo. Pueden ser días, semanas o meses, dependiendo de la parte de la copa en la que se formen los números.

Seres míticos - Un monstruo puede significar una desviación de lo normal. Ver un ángel puede significar que alguien vela por el consultante o que está protegido.

Letras - Normalmente, las letras representan las iniciales de nombres de personas. Estas personas están relacionadas de alguna manera con la consulta o el consultante. Debe buscar formas alrededor de las letras que indiquen qué papel tiene esa persona en la lectura.

A veces, puede discernir fácilmente las formas o patrones formados y lo que significan. Por ejemplo, puede ver claramente las alas de un pájaro, lo que podría interpretarse como un viaje exitoso o algún tipo de libertad. Si ve una cruz, puede significar bloqueos u obstáculos en el camino de la intención del consultante.

Además, cada parte de la copa significa un aspecto diferente. Para leer las hojas de té, la taza se divide en tres secciones: El borde, los lados y el fondo. El borde habla del presente, el fondo representa el futuro lejano y los lados hablan del futuro próximo.

El asa de la taza representa la situación actual del consultante y, por lo tanto, debe colocarse mirando hacia el sur. El asa es el conducto de energía que conecta los reinos físico y espiritual. Las hojas de té situadas cerca del asa representan los acontecimientos y las personas del entorno inmediato del consultante. Las hojas situadas en el lado opuesto del asa representan las influencias externas del consultante.

Dependiendo de la pregunta, los lados en los que se encuentra el patrón de las hojas de té pueden utilizarse para determinar lo siguiente:

- El momento - lo pronto o tarde que ocurrirá el acontecimiento esperado.
- La conexión - la distancia entre el consultante y la(s) persona(s) implicada(s) en el suceso.

- La intensidad - por ejemplo, las hojas en el borde pueden significar que está a punto de ocurrir un acontecimiento que le cambiará la vida.

Clarividencia

La clarividencia recibe otros nombres, como hidromancia, oculomancia y videncia. *Scrying*, la palabra en inglés, proviene de una palabra arcaica, «*descry*», que se traduce como «revelar» o «mostrar tenuemente». Para los no iniciados, la clarividencia suele relacionarse con la imagen de una bruja o gitana que ve las imágenes del futuro en su bola de cristal. Debemos corregir esta imagen, «popular pero engañosa». No se trata de ver el futuro, porque nadie puede «ver» el futuro. Sin embargo, es posible especular y predecir lo que el futuro depara a los consultantes utilizando la información actual.

La clarividencia es un arte antiguo que permite ver el futuro utilizando los datos actuales junto con los instintos inherentes y el poder intuitivo, también llamado «segunda vista». La segunda vista, llamada de diversas maneras (intuición, instinto, etc.), es la capacidad inherente del ser humano de percibir cosas más allá de los cinco sentidos físicos.

El texto más antiguo que menciona la clarividencia es un texto persa del siglo X llamado *Shahnameh*. Sin embargo, se sabe que todas las culturas utilizan la adivinación de alguna forma. Para ello se utiliza una superficie reflectante, como un espejo, la superficie del agua o una bola de cristal. Los antiguos egipcios, por ejemplo, utilizaban aceite para adivinar. Los nativos americanos observaban el humo para hacer predicciones.

He aquí algunos tipos comunes de superficies de clarividencia:

- **Nubes** - Los gitanos observan las nubes y las formas que toman para ver e interpretar los mensajes que envían.
- **Cera** - La cera se deja gotear sobre una superficie plana, y se observan las formas e interpretan como mensajes cósmicos.
- **Espejo** - El espejo es el elemento más utilizado para la clarividencia por los gitanos modernos en un arte llamado catoptromancia. Consiste en mirarse en un espejo hasta que las escenas y las imágenes se funden en una sola y se forma un patrón.

- **Fuego** - Consiste en mirar las llamas ardientes. Incluso la llama de una vela o de una lámpara de aceite funciona (aunque lo mejor es observar las llamas de una hoguera).
- **Ojo** - En esta rara pero efectiva forma de clarividencia, el practicante gitano mira a los ojos del buscador para observar los reflejos y descubrir e interpretar patrones significativos.

A continuación, hay un pequeño instructivo sobre cómo practicar la clarividencia con agua.

Teniendo en cuenta que el agua representa la conciencia, tiene mucho sentido utilizarla para aprender y revelarse a sí mismo el poder, la habilidad y los aspectos ocultos de su conciencia.

Materiales necesarios:
- Un cuenco hecho de elementos naturales como madera, mármol, etc. (marrón o negro preferiblemente).
- Agua (preferiblemente de un manantial o río, o agua de lluvia).
- Velas (dos) con encendedor o cerillas.
- Cualquier objeto pequeño (un cristal de cuarzo puede servir).
- Materiales para limpiar la energía, como el incienso.

Utilice una zona oscura para realizar la adivinación. Si lo hace al aire libre, la noche es perfecta. Asegúrese de disponer de espacio suficiente para colocar el cuenco y las velas.

Llene el cuenco de agua. Puede recoger agua de lluvia si no tiene acceso a agua corriente natural. El agua del grifo o el agua mineral también pueden servir. Los cuencos de color oscuro ayudan a concentrarse mejor que los de color claro.

Coloque el cuarzo centro del agua, en el centro del cuenco. Puede utilizar cualquier objeto para este fin. Sin embargo, un cristal de cuarzo es ideal porque aporta equilibrio, concentración y amplificación para favorecer la clarividencia. El cristal, o el objeto que elija, será su punto central de atención. Utilice el incienso para limpiar el aura del lugar y los objetos de adivinación.

Cuando esté preparado, encienda las dos velas y colóquelas a ambos lados del cuenco de forma que el reflejo de la llama sea visible en el agua. Siéntese cómodamente delante del cuenco.

Entre en estado de trance utilizando cualquier método con el que se sienta cómodo. Para un principiante, cantar un mantra o poner una cinta grabada con ritmos de tambor funciona bien. Cierre los ojos y concéntrese en alejarse del mundo físico y entrar en su espacio mental.

Cuando se sienta relajado, concentrado y alerta, estará en un estado mental alterado. Ahora, abra los ojos y mire fijamente al agua. Tenga paciencia, porque la clarividencia puede llevar su tiempo. La mayoría de las veces se necesitan varios intentos para ver lo que se desea.

Concéntrese en su intención y deje que sus ojos se fijen en el objeto. Mírelo fijamente y deje que las imágenes que se forman vayan y vengan. No intente aferrarse a ninguna de las formas o figuras que pasan. Concéntrese en el cuenco y en el objeto que contiene. Con el tiempo, aparecerá un patrón claro de palabras o formas que le dará la respuesta que busca.

Recuerde que cuanto más mire y se relaje, mejor accederá a su mente inconsciente, el espacio que contiene muchas más respuestas que su mente consciente. La clarividencia es el arte de llegar a lo más profundo de su inconsciente.

Quiromancia

Los no iniciados y los escépticos tachan rápidamente la quiromancia de meras conjeturas, como hacen con todas las demás formas de clarividencia. Sin embargo, hay un método en la locura de las líneas entrecruzadas que se ven en las palmas de las manos, porque encierran secretos que, si se desvelan, ayudan a llevar una vida más plena y significativa. Se cree que el arte y la ciencia de la quiromancia se originaron en la India y consisten en interpretar las formas y líneas de las palmas de las manos. He aquí algunos elementos básicos de la quiromancia.

La forma de la mano

En quiromancia, existen cuatro tipos de formas de la mano, cada una de las cuales se asocia con los cuatro elementos: aire, tierra, fuego y agua. Aunque su mano puede tener la forma principal alineada con uno de los cuatro elementos, también es posible que todas las influencias elementales estén presentes en su palma. He aquí los cuatro tipos de formas de mano.

Las manos de aire son más altas que anchas y tienen los dedos largos. Las personas con manos de aire tienden a ser muy analíticas y racionales, y anteponen la razón y la lógica a todo lo demás. A menudo, dan la impresión de ser distantes porque sus mentes observan y analizan continuamente la información y los datos de su entorno. Pueden ser sarcásticos, pero respetan la imparcialidad.

Las manos terrestres suelen tener forma cuadrada. Tienen menos líneas, pero más profundas que los otros tres tipos. Al igual que con el elemento tierra, fiable y práctico, las personas con esta forma de mano son individuos muy fiables. Asumen con alegría y eficacia las cargas del mundo. No se preocupan tanto por las emociones como por hacer las cosas. Les encanta trabajar.

Las manos de fuego suelen encontrarse en personas que rezuman carisma y magnetismo. Suelen ser irregulares y estar llenas de líneas. Las personas con manos de fuego tienden a inclinarse por la diversión y la creatividad en lugar de centrarse en la microgestión o los detalles.

Las manos de agua se caracterizan por dedos huesudos y largos y palmas estrechas. Las líneas de una mano de agua son muy finas. Las personas con manos de agua son muy emocionales, casi hasta el punto de ser poco prácticas. Sin embargo, son muy compasivas, receptivas y flexibles al cambio.

Las tres líneas principales

Cuando se piensa en la quiromancia, las tres líneas principales que vienen a la mente son la del corazón, la de la cabeza y la de la vida.

La línea del corazón - La línea del corazón no responde a preguntas como las siguientes:

- ¿Cuándo encontraré el amor?
- ¿Cuándo tendré buen sexo?
- ¿Quién es mi alma gemela?
- ¿Me engaña mi pareja?

En quiromancia, la línea del corazón representa su estilo de relación o amor. Manifiesta cómo le gusta que los demás se relacionen con usted y cómo quiere relacionarse con los demás. La línea del corazón manifiesta cómo se acepta a usted mismo. Aparece de diferentes formas en la palma de la mano, por ejemplo:

Puede empezar en el borde de la palma, bajo el meñique, y curvarse suavemente hacia el índice. La persona con esta línea del corazón suele ser empática, cariñosa y generosa en las relaciones.

Puede comenzar en el dedo meñique, como en el caso anterior, y ascender de forma espectacular hacia el dedo corazón. Las personas con esta línea del corazón suelen ser muy apasionadas y estar muy enfocadas en sus deseos. Siguen sus deseos con pasión y esperan que los demás los conozcan. Son personas muy orientadas hacia sí mismas.

Las personas con líneas del corazón planas tienden a tener un enfoque romántico pero racional de las relaciones. Son reflexivas, consideradas y piensan muy profundamente en los sentimientos y las emociones. La mente de estas personas está en un continuo juicio, pensando incesantemente en los sentimientos. Las personas con una línea del corazón plana también tienden a parecer distantes.

Las personas con una línea del corazón corta (que se detiene bruscamente en algún punto por debajo del dedo corazón) suelen ser ermitañas. Aman la soledad hasta el punto de parecer egoístas cuando llega su momento de santuario. Les encanta trabajar y son personas productivas. Simplemente les gusta trabajar solos y estar solos.

La línea de la vida - Desgraciadamente, la mayoría de la gente tiene la idea errónea de que la línea de la vida indica la duración de la vida de cada persona. Sin embargo, según la quiromancia, esto no es cierto. Es la línea que muestra lo anclada o enraizada que está la persona. Habla de su estabilidad en la vida y de sus conexiones y relaciones con sus seres queridos y amigos.

- Una línea de la vida corta indica una persona trabajadora que necesita constantemente una inyección de energía vital, sobre todo cuando se siente agotada.
- Una persona con una línea delgada y débil puede experimentar una tensión interna caótica y sentirse dispersa y perdida.

La línea de la cabeza - La línea de la cabeza empieza debajo del dedo índice y termina más allá del dedo corazón. Esta línea refleja cómo funciona el cerebro y cómo tratamos los datos y la información. Existen diferentes tipos de líneas de la cabeza en quiromancia. Veamos algunos de ellos.

- Las personas con una línea plana, clara y alargada son de pensamiento claro, les encanta integrar ideas y calcular.
- Las personas con una línea de la cabeza muy larga (una que casi llega a tocar la otra palma) son las que siempre están recopilando datos e información, sintetizándolos y analizándolos. Tienen mentes hiperactivas que necesitan estar ocupadas todo el tiempo.

- Quienes tienen una línea de la cabeza larga pero deshilachada al final son aquellos cuyos procesos mentales nunca se detienen. Sus pensamientos son incesantes y tan fatigosos que, la mayoría de las veces, les resulta difícil llegar a una conclusión.
- Las personas con la línea de la cabeza corta suelen ser impulsivas a la hora de tomar decisiones. Se inclinan más hacia sus instintos y rara vez reflexionan demasiado sobre algún asunto.
- Las personas cuya línea de la cabeza cruza hacia el otro lado de la palma suelen ser aquellas que pueden conectar con el otro mundo. Suelen tener grandes poderes psíquicos que les ayudan a comunicarse con dioses y espíritus. Estas personas también tienen problemas para relacionarse con el mundo material.

Los montes en quiromancia

Las zonas carnosas de la palma de la mano se denominan montes y corresponden a los siete planetas de la astrología: Sol, Luna, Mercurio, Venus, Marte, Júpiter y Saturno. Los montes elevados y carnosos revelan los atributos equilibrados de la personalidad. Las monturas hundidas revelan los rasgos de personalidad débiles o poco desarrollados. Los montes extremadamente prominentes revelan rasgos de personalidad exagerados. Veamos los siete montes.

Monte de Saturno - El monte de Saturno está situado en la base del dedo corazón y corresponde a la fortaleza, la sabiduría y la responsabilidad. Revela la integridad del individuo.

Monte de Júpiter - El monte de Júpiter está situado en la base del dedo índice y representa el liderazgo, la confianza y la ambición. También revela las conexiones espirituales y los atributos divinos de una persona.

Monte de Apolo (o Sol) - Situado en la base del dedo anular, este monte representa la esencia dinámica, la vitalidad y el optimismo de la persona. Este monte muestra el potencial de la persona para el éxito, la creatividad y la felicidad.

Monte de Venus - Situado en la base del pulgar, este monte se ocupa de la sensualidad, el romance, el amor y la atracción. Revela la indulgencia, la pasión y la sexualidad de la persona.

Monte de la Luna - Este monte está situado en la base de la palma de la mano y debajo del dedo meñique. Simboliza la intuición, la imaginación y los poderes psíquicos. Revela la capacidad de compasión y empatía de la persona.

Monte de Marte - En quiromancia, Marte desempeña un papel destacado. Hay tres secciones diferentes en la palma de la mano que representan tres facetas de Marte: Marte interior, Marte exterior y la llanura de Marte. Marte interior está situado sobre el pulgar y representa la agresividad y la fuerza física. Marte exterior está situado bajo el dedo meñique, entre los montes de Apolo y la Luna. Representa la perseverancia y el coraje emocional. La llanura de Marte está situada entre el Marte interior y el Marte exterior, en el centro de la palma de la mano, y representa los dos Marte equilibrados.

Los elementos mencionados anteriormente son solo los fundamentos de la quiromancia. Una vez que haya dominado estos elementos, debe profundizar y aprender sobre otros, incluyendo detalles granulares como la posición y forma de los dedos, líneas más pequeñas que se ramifican de las líneas primarias, etc.

La adivinación gitana consiste en conectar con sus instintos inherentes para leer e interpretar los mensajes enviados por el universo a través de diversos medios. Cuanto más practique estos métodos de adivinación, mejor se le dará la magia gitana.

Capítulo 10: Hechizos y encantamientos gitanos

En este capítulo final, se reúnen todos los elementos presentados en los capítulos anteriores, incluyendo hierbas, símbolos, presagios, etc., para describir varios hechizos gitanos que puede probar.

Cuanto más trabaje con los elementos gitanos, más magia atraerá a su vida
https://www.pexels.com/photo/tarot-cards-and-a-crystal-ball-on-the-table-7179792/

Hechizo de curación

Los hechizos de curación se pueden utilizar para múltiples propósitos, incluyendo la curación de enfermedades físicas y heridas, corazones rotos e incluso el dolor emocional. Es importante reiterar aquí que los hechizos de curación no deben hacerse en lugar de la medicina moderna, sino para mejorar su poder curativo y dar a la persona afectada consuelo emocional y mental para que los medicamentos prescritos por los médicos calificados funcionen de manera eficiente.

El hechizo de curación descrito a continuación es el más simple y casi gratis. Es perfecto para los principiantes que no tienen el dinero o todavía no están seguros del poder de la magia gitana y no quieren gastar en hechizos. El elemento clave en todos los hechizos (especialmente en este, teniendo en cuenta que solo se utiliza agua) es su intención.

Asegúrese de que su intención es poderosa y específica. He aquí algunos ejemplos:

- Mi migraña se ha ido. Estoy completamente sano.
- Ya no me desespera que mi pareja me haya dejado. Mi corazón roto está reparado. Estoy preparado para un nuevo amor.
- Mi hueso roto está curado. Ahora puedo mover mis miembros libremente.

Todo lo que necesita es un vaso de agua. Utilice un vaso transparente para que las energías fluyan libremente. Siéntese en un lugar tranquilo y sin interrupciones y sostenga el vaso de agua entre las manos. Diga su intención en voz alta. Repítala un par de veces.

Cierre los ojos, concentre todas sus energías curativas y visualícelas transfiriéndolas al vaso de agua. Una vez que sienta que el agua del vaso está llena de su energía positiva y curativa, ya está lista para ser utilizada. Se ha encantado con su energía. Beba esta agua y visualice la energía curativa entrando en su cuerpo.

Hechizo de protección

Este hechizo de protección le mantiene a usted o a alguien más a salvo de los peligros. Es simple pero poderoso. Todo lo que necesita es una vela blanca, un portavelas y fósforos o un encendedor.

Coloque la vela en el portavelas y enciéndala. A continuación, cierre los ojos y pronuncie en voz alta el siguiente conjuro:

«Que la luz de esta vela

me proteja de todos los peligros,

Vistos, no vistos, sentidos, intangibles, de este mundo, de los otros mundos.

De todas las direcciones, de arriba y de abajo.

Que así sea».

Si lo hace para otra persona, use el nombre de la persona en lugar de «me» en la segunda línea. Repita estas líneas un par de veces y, mientras las pronuncia, visualice una burbuja de luz blanca protectora que le cubre a usted o al consultante. Mantenga la visualización todo el tiempo que quiera. Cuando se sienta satisfecho, abra los ojos, dé las gracias al universo y apague la vela.

Hechizo de la buena suerte

A todos nos gusta tener buena suerte, especialmente en ocasiones especiales, como una entrevista de trabajo, un ascenso, ser admitido en una buena universidad, etc. Este es un hechizo que atrae la buena suerte durante esos momentos. Una vez más, la profundidad y el poder de su intención juegan un papel importante en el éxito del hechizo de buena suerte.

Un frasco de hechizo de buena suerte es genial porque usted puede cargarlo consigo —una cosa perfecta cuando usted lo necesita durante una entrevista para un nuevo trabajo, promoción, admisión a la universidad, o cualquier otra cosa.

Materiales necesarios:
- Un tarro de cristal pequeño y limpio con tapa o corcho.
- Incienso limpiador, puede usar de albahaca, canela o violeta.
- Una vela verde.
- Manzanilla.
- Canela.
- Sal negra.
- Salvia.
- Clavo de olor.
- Romero.

- Tres cristales: ojo de tigre, aventurina verde y cuarzo transparente.

Encienda el incienso y úselo para limpiar todos los objetos de la lista. Mientras limpia cada uno de los cristales y hierbas, busque la ayuda de la planta o cristal para que le traiga buena suerte para el propósito específico. Cree una intención y repítala mientras limpia las hierbas y los cristales.

A continuación, añada cada elemento al frasco mientras se concentra en el resultado deseado. Puede sostener cada elemento en la mano y repetir la intención. Mientras sostiene la hierba o el cristal, visualice su energía de buena suerte difundiendo calor en su organismo. A continuación, introdúzcala en el tarro y ciérrelo con la tapa.

Mantenga el tarro en la mano y medite un rato. Visualice el resultado deseado. A continuación, encienda la vela verde y derrita un poco de cera. Utilice la cera derretida para sellar aún mejor el tarro del hechizo de la buena suerte. Mientras lo hace, repita el siguiente conjuro:

«Hoy siento que giran los vientos,

el viento de la suerte viene hacia mí.

El cielo está en calma; no hay tormenta.

Mis sueños se hacen realidad; serán míos.

Que así sea».

Este hechizo requiere muchos ingredientes de la buena suerte. Intente conseguir todos los que se mencionan en la lista. Sin embargo, si no puede obtenerlos todos, trate de conseguir al menos cinco de ellos para obtener un eficaz frasco de hechizo de la buena suerte.

Hechizo para desterrar maldiciones

El hechizo mencionado aquí es uno de los más simples hechizos de destierro disponibles. Si usted siente que las cosas no van bien en su vida y cree que alguien ha puesto una maldición sobre usted y/o sus seres queridos, haga este hechizo y deje que las maldiciones salgan de su vida.

Materiales Necesarios:
- Pimienta de Cayena (una pequeña cantidad).
- Salvia (un poco).

Toma un poco de la pimienta de cayena en su mano y añada un poco de salvia (el purificador). Mezcle los dos ingredientes en la palma de la mano con movimientos circulares en sentido contrario a las agujas del reloj. El movimiento contrario a las agujas del reloj es para desterrar, mientras que el de las agujas del reloj es para atraer. Mientras lo hace, imagine que la maldición que quiere desterrar es eliminada de su vida.

Cuando esté satisfecho con la mezcla de los dos ingredientes, salga al exterior y sople la mezcla con la mano. Asegúrese de soplar con fuerza para que la mezcla se disperse completa e irremediablemente, al igual que las maldiciones de su vida. Quítese los restos de la mano con un cepillo y lávese las manos.

Hechizo para desterrar el mal y las energías negativas

El hechizo detallado a continuación está diseñado para alejar el mal y la negatividad de su vida. Es un hechizo de botella, por lo que puede llevarlo con usted a donde quiera que vaya, obteniendo un aura de protección. Los hechizos de botella son muy apropiados para los principiantes porque son fáciles de hacer usando ingredientes simples.

Materiales necesarios:

- Una botella pequeña con tapón de corcho.
- Romero (un puñado).
- Siete agujas.
- Una vela negra

Limpie y seque la botella. Añada el romero. Tome una aguja a la vez e imagine todos los elementos negativos y personas en su vida entrando en esa aguja. Imagine todo el odio y los celos que está recibiendo y/o experimentando saliendo de su sistema y entrando en la segunda aguja. Imagine todo el mal en su cuerpo, mente y alma saliendo de usted y entrando en la tercera aguja. Repita la visualización hasta que haya desterrado todo el mal y los espíritus negativos en las siete agujas.

A continuación, coloque las agujas cuidadosamente, una a una, en la botella. A medida que añada cada aguja, pida un deseo de protección. Por ejemplo, puede decir: «Me libero de todos los celos y odios». El romero (que ya está en la botella) neutralizará lenta y seguramente toda la negatividad transferida a las agujas.

Cuando haya añadido todas las agujas, cierre la botella con el tapón de corcho y séllela. Para sellarlo, encienda la vela negra y déjela arder hasta que tenga suficiente cera para sellar la botella. Lleve esta botella con usted y protéjase de todo tipo de negatividad y maldad.

Hechizo del dinero

La magia gitana puede tener un impacto positivo en su salud financiera y atraer la riqueza a su vida. El cuenco del dinero descrito a continuación le ayudará a aumentar la abundancia en su vida. Sin embargo, es importante recordar que el cuenco del dinero no es magia de la noche a la mañana. El dinero encontrará el camino en su vida y permanecerá con usted durante un período.

La mayoría de los hechizos mágicos relacionados con la prosperidad dan beneficios óptimos cuando alinea el trabajo mágico con las fases de la luna. Comience con el principio de la fase creciente.

Materiales necesarios

- Un cuenco de cristal transparente.
- Algunas monedas.
- Incienso purificador.
- Un trozo de papel y un bolígrafo.
- Una vela verde.
- Un portavelas.
- Aceite esencial relacionado con la prosperidad (el aceite de jazmín funciona bien).
- Canela molida o entera, hojas de laurel, jengibre molido.
- Cristal de citrino.

Empiece limpiando todos los objetos de la lista. La limpieza de los objetos eliminará todas las energías negativas de ellos.

A continuación, escriba en el papel su propósito relacionado con las finanzas. ¿Qué es lo que quiere? ¿Un trabajo mejor pagado? ¿Un mejor saldo bancario? Haga que su aspiración financiera sea lo más específica posible. Por ejemplo, puede escribir: «Tengo un trabajo que me paga el doble que mi trabajo anterior». Si se fija, el ejemplo está escrito en presente. Así es como debe estar escrita su intención: como si ya hubiera conseguido lo que quiere.

Puede escribir tantas intenciones como quiera. Sin embargo, si se trata de su primer cuenco de dinero, hágalo sencillo y tenga una sola intención. Puede ir aumentando el número de cuencos del dinero.

Doble el trozo de papel en el que ha escrito su intención y colóquelo en el centro del cuenco.

Aumente el poder de su cuenco de riqueza ungiendo la vela con el aceite de jazmín antes de ponerla en el soporte y colocándola sobre el trozo de papel con su intención. Encienda la vela.

A continuación, introduzca en el cuenco todas las hierbas mencionadas en la lista de ingredientes.

Visualice su intención mientras crea el cuenco del dinero.

Lo ideal es colocar el cuenco cerca de la puerta de entrada. Deje que la vela arda durante unos diez minutos. Si no le resulta práctico hacerlo, puede colocarla en cualquier lugar seguro Transcurridos los diez minutos, coloque el cuenco del dinero en su cuarto de trabajo.

Una o dos veces por semana, cuando se sienta atraído por él, puede añadir a su cuenco del dinero cualquiera de los materiales enumerados anteriormente. Puede seguir alimentando su cuenco del dinero todo el tiempo que quiera. Asegúrese de que el tamaño de su vela y de su cuenco son lo suficientemente grandes como para durar bastante tiempo. Si no, puede crear nuevos cuencos de dinero.

Los hechizos, encantamientos y conjuros mencionados en este capítulo son indicaciones simples de cómo utilizar la magia gitana para traer alegría y eliminar la tristeza de su vida. Apréndalos y domínelos rápidamente. Luego, use su imaginación y la gran cantidad de información dada en este libro y haga sus propios hechizos y encantamientos de acuerdo a sus necesidades y requerimientos. Cuanto más trabaje con elementos gitanos, más magia atraerá a su vida.

Conclusión

Ahora que ha leído el libro, debe volver atrás y leerlo de nuevo para poner las cosas en perspectiva. Lea cada capítulo en detalle, intente comprender lo que se dice y qué lecciones puede aprender de ello. Por ejemplo, las historias de persecución explicadas en el primer capítulo le enseñan lecciones de resistencia, crecimiento y desarrollo.

Los gitanos no se quedaron de brazos cruzados. Se defendieron, e incluso cuando perdieron contra la cruel injusticia, no permanecieron agazapados mucho tiempo. Como un ave fénix, resurgieron del polvo y empezaron de nuevo, aprendiendo e incorporando las lecciones aprendidas a sus nuevas vidas, pero sin renunciar a las culturas de sus antepasados.

Relea así cada capítulo y tome nota de los distintos elementos mágicos que se mencionan. El último capítulo enseña hechizos y encantamientos utilizando todos los elementos aprendidos en los capítulos anteriores. Pruebe todos los hechizos explicados en el último capítulo, de uno en uno, sin prisa, pero sin pausa. Domínelos, y pronto los elementos tratados en este libro estarán profundamente arraigados en su psique.

Cuando haya dominado las lecciones para principiantes, avance y profundice en el mundo de la magia gitana. Cuanto más profundo llegue en este mundo, más se descubrirá a sí mismo. Mantenga el corazón y la mente abiertos, y encuentre un nuevo propósito en su vida. Viva la vida feliz y con sentido.

Vea más libros escritos por Mari Silva

Su regalo gratuito

¡Gracias por descargar este libro! Si desea aprender más acerca de varios temas de espiritualidad, entonces únase a la comunidad de Mari Silva y obtenga el MP3 de meditación guiada para despertar su tercer ojo. Este MP3 de meditación guiada está diseñado para abrir y fortalecer el tercer ojo para que pueda experimentar un estado superior de conciencia.

https://livetolearn.lpages.co/mari-silva-third-eye-meditation-mp3-spanish/

Bibliografía

AA. «La cultura gitana cobra vida con la celebración de Baba Fingo». Daily Sabah

Alethia. «Clarividencia: Cómo practicar el antiguo arte de la segunda vista (Con imágenes)». LonerWolf. Última modificación: 19 de agosto de 2021.
https://www.lonerwolf.com/scrying/

Una pequeña chispa de alegría. «La lista definitiva de hechizos de magia blanca para principiantes» Última modificación 23 de enero de 2023.
https://www.alittlesparkofjoy.com/magic-spells-list/

Annie. «Magia gitana: Hechizos, encantamientos y folclore romaní». Panda Gossips. Última modificación: 24 de julio de 2018.
https://www.pandagossips.com/posts/2055

BBC News. «En la carretera: Siglos de historia romaní». Última modificación: 8 de julio de 2009. http://news.bbc.co.uk/2/hi/europe/8136812.stm

Boswell, Lisa. «Vida real de los gitanos romaníes, creencias y costumbres». #FolkloreThursday Última modificación, 12 de julio de 2018.
https://www.folklorethursday.com/folklife/real-gypsy-life-belief-and-customs/

Bradford, Alina. «Cultura romaní: Costumbres, tradiciones y creencias». Live Science. Última modificación: 27 de noviembre de 2018.
https://www.livescience.com/64171-roma-culture.htm

Cris. «Simbolismo de la lluvia (siete significados en literatura y espiritualidad)». symbolism and metaphor. Última modificación 16 de enero de 2021.
https://www.symbolismandmetaphor.com/rain-symbolism-meaning/

Cirkovic, Svetlana. M. «Bibi y Bibijako Djive en Serbia». Academia. Consultado el 1 de diciembre de 2022.
https://www.academia.edu/42176038/Bibi_and_Bibijako_Djive_in_Serbia

Coman, Roxana. «Veinte supersticiones que solo entienden los romaníes». Culture Trip. Modificado por última vez el 8 de diciembre de 2017. https://www.theculturetrip.com/europe/romania/articles/20-superstitions-only-romanians-will-understand/

The Cut. «Cómo leer las palmas de las manos: Guía para principiantes». Última modificación 8 de septiembre de 2020. https://www.thecut.com/article/how-to-read-palms.html

Faena. «Cinco métodos antiguos de clarividencia». Consultado el 1 de diciembre de 2022. https://www.faena.com/aleph/5-ancient-methods-of-divination

First Steps New Forest. «Supersticiones». Consultado el 1 de diciembre de 2022. http://newforestromanygypsytraveller.co.uk/superstitions.php#:~:text=No%20debe%20cortar%20una,sólo%20puede%20traer%20mala%20suerte.

Good luck horseshoes. «Los gitanos romaníes y sus herraduras de la suerte». Última modificación: 21 de junio de 2022. https://www.goodluckhorseshoes.com/romany-gypsies-and-their-lucky-horseshoes/

Grauschopf, Sandra. «Siete supersticiones de la suerte (y sus extraños orígenes)». LiveAbout. Última modificación: 29 de noviembre de 2022. https://www.liveabout.com/lucky-superstitions-origin-895272

The Gypsy Haven Online Store, «Grimorio herbal». Consultado el 1 de diciembre de 2022. https://www.thegypsyhaven.com/pages/herbal-grimoire

GYPSYWOMBMAN. «Colores y significados». Consultado el 1 de diciembre de 2022. https://www.gypsywombman.com/pages/colors-meanings

Howcast. «Cómo lanzar un hechizo de destierro | Wicca». Vídeo de YouTube, 3:56. 10 de noviembre de 2013. https://www.youtube.com/watch?v=OLkdl1k7dD8

Proyecto Joshua. «Romanichal romaní en Sudáfrica». Consultado el 1 de diciembre de 2022. https://www.joshuaproject.net/people_groups/11141/SF

Kelly, Aliza. «Guía para principiantes sobre la lectura de las palmas». Allure. Modificado por última vez el 2 de diciembre de 2021. https://www.allure.com/story/palm-reading-guide-hand-lines

Kelly, Aliza. «Guía esencial de taseomancia, la práctica de leer hojas de té». Allure. Última modificación 7 de mayo de 2018. https://www.allure.com/story/how-to-read-tea-leaves-tasseography

Labyrinthos «Lista de significados de las cartas del tarot». Consultado el 1 de diciembre de 2022. https://www.labyrinthos.co/blogs/tarot-card-meanings-list

Lallanilla, Marc. «Cinco datos intrigantes sobre los gitanos». Live Science. Modificado por última vez el 28 de agosto de 2020.

https://www.livescience.com/40652-facts-about-roma-romani-gypsies.html

Lam, Hiuyan. «Significado de la mano *hamsa*: Descubra cómo llevar la mano de Dios». ThePeachBox. Última modificación 23 de diciembre de 2022. https://www.thepeachbox.com/blogs/jewelry/hamsa-hand-meaning

Leland, Charles Godfrey. Brujería gitana y revelación del destino. London: T. Fisher Unwin, 1891.

Parrs, Alexandra. «Los gitanos invisibles de Egipto». Diálogo Global.

Petulengro, Paul. «Tradiciones gitanas en la actualidad». Última modificación: 19 de noviembre de 2016. https://www.petulengro.com/gypsy-traditions-today/

Romaniherstory. «El ursitorio». Consultado el 1 de diciembre de 2022. https://www.romaniherstory.com/fictionalcharacters

Shirleytwofeathers. «El mal de ojo». Hamsa - Sigils Símbolos y signos. Última modificación: 24 de septiembre de 2017. https://www.shirleytwofeathers.com/The_Blog/sigils-symbols-signs/tag/hamsa/

Shirleytwofeathers.com. «Magia y misterio». Consultado el 1 de diciembre de 2022. https://www.shirleytwofeathers.com/Magick.html

Tarot.com. «Significados de las cartas del tarot». Consultado el 1 de diciembre de 2022. https://www.tarot.com/tarot/cards/

Two Wander. «Taseografía: Símbolos y significados de la lectura de las hojas de té». Consultado el 1 de diciembre de 2022. www.twowander.com/blog/tasseography-tea-leaf-reading-symbols-and-meanings

Museo Conmemorativo del Holocausto de Estados Unidos, Washington, DC. «Los romaníes (gitanos) en la Europa de preguerra». Enciclopedia del Holocausto. Última modificación: 19 de marzo de 2021. https://encyclopedia.ushmm.org/content/en/article/roma-gypsies-in-prewar-europe

Wanderlust. «Conozca su baraja: los muchos tipos de tarot». Última modificación 8 de julio de 2018. https://www.wanderlust.com/journal/determine-deck-many-types-tarot/

Watkins, James A. «Historia de los gitanos». Owlcation. Última modificación 26 de septiembre de 2022. https://owlcation.com/humanities/The-Gypsies

Wigington, P. «La tirada gitana de las cartas del tarot». Learn Religions. Última modificación 11 de marzo de 2019. https://www.learnreligions.com/romany-spread-tarot-cards-4588969

Wright, Mackenzie. «Cómo hacer un amuleto de buena suerte con papel». eHow. Última modificación 9 de abril de 2009. https://www.ehow.com/how_4897274_make-luck-charm-out-paper.html

www.ingramcontent.com/pod-product-compliance
Lightning Source LLC
Chambersburg PA
CBHW072153200426
43209CB00052B/1165